焦慮星人自救指南

擺脫自我批判、完美主義，探索焦慮核心的修復計畫

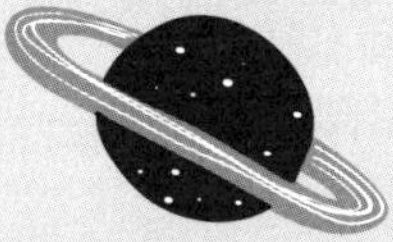

唐婧——著

凡不能殺死我的，必將使我更強大。

What does not kill me, makes me stronger.

——弗里德里希・尼采

Friedrich Nietzsche

前言

大家好，我是心理諮詢師唐婧。

我想，我們這一代心理諮詢師面臨著比前輩更大的挑戰，那就是我們身處自媒體時代。知識傳播的廣闊性和便捷性，讓我們不得不跳出以往獨立執業、一對一負責的個體心理諮詢模式，面向更廣闊的大眾。

我在二〇一六年開始涉足自媒體領域，從最初的喜馬拉雅FM、酷狗音樂等音訊平臺，到後來的抖音、B站等影音平臺，這些年，透過音訊和影片為大家科普心理學，至今，作品的播放量已達數千萬次。我每天在後臺都會收到上百條留言，其中八十%的留言與焦慮議題有關。每當我建議大家做心理諮詢，得到的回覆往往是：「我不知道去哪裡找適合的心理諮詢師」或者「我的經濟條件不支持」，以及「我害怕別人誤會我有精神疾病」……然後大家會問我：「唐老師，能不能教我一套自己可以調節焦慮的辦法？」這個問題我思考了五年，反覆嘗試了五年，終於在這本書裡給出了我的答案。

考慮到讀者在心理學方面的知識基礎各有不同，在本書的寫作過程中，我刻意降低了專業詞彙的使用頻率，簡化了繁瑣的心理學概念，努力降低這本書的專業難度和門檻。與此同時，我增加了具體案例和練習，並為每一道實際練習都搭配了範例，方便大家更好地理解和實踐，為自學和「自療」提供最大的支援。

謹以此書，獻給每一位深受焦慮困擾的朋友。如果你恰好是我的粉絲，那麼我期望，這本書沒有辜負你五年來的等待，希望我沒有辜負你的信任和厚愛。

或許我們相隔天遙地遠，但是願我的聲音和文字如靜夜裡皎潔的月光，穿越時空溫暖你、陪伴你。

願你早日逃離焦慮星球，登上幸福星球，成為更好的自己。

唐婧

本書使用指南

本書針對深受焦慮困擾的朋友量身打造了一套身心修復自主訓練體系，內容立足於專業的心理治療理論和實踐，整合我在臨床心理諮詢中積累上千個焦慮個案的治療經驗，統整出一套專注於解決問題，能夠簡單上手的心理「自療」系統。

這套系統，是由循序漸進的三階段訓練模組所組成。

第一階段　焦慮突圍：走出高敏感和心理內耗

幫助你瞭解焦慮發生的底層心理邏輯，探尋焦慮背後的心理創傷，並對心理創傷做出處理，幫助你恢復心理安全感與控制感，逆轉引發焦慮的三個慣性思維，實現焦慮情緒的初步緩解。

第二階段　原生家庭突圍：療癒原生家庭創傷

從原生家庭的視角來探討焦慮型人格的形成，分析和總結不同人格特點和不同的原生家庭創傷類型，幫助你進行自我療癒和焦慮緩解。

第三階段　心理內耗突圍：逃離焦慮星球，重建身心平衡

透過催眠與冥想的方法，即十個專業治療等級的催眠與冥想腳本，幫助你重建內心的安寧，實現身心的平衡和情緒的穩定。

本書透過剖析典型案例，針對引發焦慮的不同因素提供具體處理方法，以一課一練循序漸進的方式，分解學習難度，確保你對專業知識的領會和掌握，這更利於效果的呈現與鞏固。內容上，從焦慮形成的心理成因、創傷根源、認知行為模式，延伸到焦慮型人格的養成及原生家庭問題模式的影響。以上內容，涵蓋了臨床心理諮詢對於焦慮的基礎治療，同時以催眠和冥想幫助身心減壓，養成良好的心理保健習慣。

如果完整地完成這個流程，那麼相當於走完了一套心理諮詢與治療的初級療程，不僅焦慮可以得到基本的平復和緩解，還可以初步實現身心的平衡和統一，幫助你逃離焦慮星球，成為更好的自己。

對於深受焦慮困擾的讀者而言，這是一套很好的「自療」方案。只要跟隨課程的引導，認真思考和完成課後練習，就可以切身感受到焦慮得以緩解。同時，對職業心理諮詢師而言，這套體系亦可以作為一張「焦慮心理治療導圖」，你可以跟隨本書的思路和脈絡開展你的療程，把課後練習作為治療中拋磚引玉的線索，順藤摸瓜找到更深入的問題和工作要點，將心理治療深化下去。

在開始之前，有一些注意事項你需要瞭解：

第一，本套訓練體系是基於焦慮人群的「共性問題」來設計的，是我對焦慮來訪者身上「共同特點」的提煉和總結，這意味著有很多「個人特點」並沒有被包括在內。簡單來說，我們每個人的焦慮既有相似的地方也有不同之處，而本書中，我們主要處理這些「相似的地方」。因此，你需要結合自身情況對其中的內容進行選擇和整合，使其更精準地適配於你。如果你的問題超出了本書的範圍又急需解決，那麼建議你尋求一對一的心理諮詢，以便精準地針對你的問題進一步深入治療。如果症狀過於強烈、痛苦過於嚴重，那麼建議你尋求正規醫院心理科或精神科的醫學治療。

第二，課後練習非常重要。每一篇的課後練習、每一道題的設計都有其獨特的用意，你需要用心、帶著自我覺察去完成，在此過程中，認真思考和體會自己的感受。記住，完成練習的品質與焦慮緩解的程度息息相關，所以，切不可偷懶。

第三，保證每一個階段模組的完整性。就好像我們去醫院看病，醫生給我們開藥是要求我們按療程、按說明服藥，同理，我們的這套心理訓練體系也需要按階段來完成。如果你在時間安排上有困難，那麼建議你至少堅持完成一個完整階段的學習，之後再找時間完成下個階段的學習，以保證相對的完整性和連貫性，這樣效果才能有保障。認真和堅持是成功的基礎，半途而廢無法帶給我們理想的成效。自我療癒這件事，尤其值得我們為此付出努力。

好了，以上就是我們在開始前所需要瞭解的全部內容。

親愛的你準備好了嗎？現在，就讓我們一起開始這次意義非凡的自我療癒之旅吧！

目次

前言 …… 003
本書使用指南 …… 005

第一階段 焦慮突圍
走出高敏感和心理內耗

第一課 你為什麼焦慮，如何緩解焦慮？ …… 015
1 理解焦慮的深意 我怎麼了？該怎麼辦？ …… 016
2 找到焦慮的成因 「我想要」和「不允許」 …… 020
3 焦慮的緩解 要向自己妥協嗎？ …… 027

第二課 療癒焦慮背後的心理創傷 …… 037
1 原發性焦慮和焦慮泛化 從只怕它，到什麼都怕 …… 038
2 焦慮背後隱藏的心理創傷 焦慮是傷痕在說話 …… 043
3 緩解心理創傷所引發的焦慮 溫柔包紮自己的傷口 …… 050

第三課 與「不安全感」、「高敏感」握手言和 ……059
1 發現焦慮的深層核心　發現「你內心深處隱藏的角落」 ……060
2 安全感與控制感的恢復　你並非毫無辦法 ……065
第四課 擺脫心理內耗模式 ……074
1 逆轉「高度自我關注」與「選擇性負面關注」模式
要命，生活到處都是問題！ ……076
2 逆轉「消極負面的自我催眠」模式　壞事即將發生？ ……086

第二階段 原生家庭突圍

療癒原生家庭創傷

第五課 為什麼你比別人容易焦慮：焦慮型人格與原生家庭創傷 ……096
第六課 擺脫控制，活成你自己 ……107
1 原生家庭的「控制型模式」及其影響　我不敢，我必須 ……108

2 活成你自己　我可以……120

3 「控制型模式」的變體：軟控制　愛我就要服從我……141

4 擁有你說了算的人生　不做提線木偶！……148

第七課　走出自我否定，重建自信……153

1 原生家庭的「指責型模式」及其影響　都是你不好……154

2 走出自我懷疑與自我否定，重建內在力量　我，就是最好的自己……162

3 整合你內在的「指責型模式」，實現自我的成長與關係重建
我想愛你而不傷害你……176

第八課　修復安全感，重建你的生活……189

1 原生家庭中的「忽略型模式」及其影響　不要離開我，我好怕……190

2 修復安全感，重建你的生活　你是被愛的，睜開眼睛看看周圍……200

第九課　修復邊界，放下不該承受之重……215

1 原生家庭的「角色錯位」及其影響　為什麼我活得比別人累？……216

2 明晰邊界，放下你生命中的「不該承受之重」　學會說不！……224

第三階段 心理內耗突圍

遠離焦慮星球，重建身心平衡

第十課 催眠和冥想：告別混亂，回歸安寧……243
冥想1 身心放鬆冥想——能量光球的療癒……252
冥想2 睡眠修復催眠——滿床清夢壓星河……255
冥想3 放鬆減壓催眠——短時間放鬆大腦……259
冥想4 放鬆減壓催眠——心靈花園……263
冥想5 安全感修復催眠——與內在小孩和解……267
冥想6 安全感修復催眠——守護天使……271
冥想7 內在力量感提升催眠——生命之樹……275
冥想8 自信重塑催眠——公眾演講場景……278
冥想9 自信重塑催眠——人際交往場景……282
冥想10 自信重塑催眠——心儀對象交往場景……285

第一階段

焦慮突圍

走出高敏感和心理內耗

在第一階段的課程裡，我們將從四個方面來探討焦慮的形成及焦慮的緩解辦法：

- 透過探索焦慮賴以生存的心理資源，找到引發焦慮的心理衝突，進而針對這個心理衝突做出調整和處理，幫助緩解焦慮；
- 根據焦慮所處的不同階段，回溯到初始階段去尋找焦慮背後的心理創傷，對心理創傷做出處理，幫助恢復安全感和控制感，幫助緩解焦慮；
- 透過向內覺察找到焦慮的深層核心，針對焦慮的核心做「災備方案」，進一步實現安全感和控制感的恢復，深入緩解焦慮；
- 針對引發焦慮的三個慣性思維——高度的自我關注、選擇性的負面關注、消極負面的自我催眠——進行心理逆轉練習，建立新的、健康的心理模式，擺脫焦慮的心理軌跡。

第一課——

你為什麼焦慮，如何緩解焦慮？

✦課前提要

在第一階段的課程裡，我將帶領大家探索三個方面的內容。

第一，你的焦慮為什麼一直好不了？該如何看待你的焦慮，如何處理跟它的關係？

第二，你的焦慮是怎麼產生的？到底是哪個環節出了問題？

第三，針對焦慮的成因，找到具體辦法緩解焦慮。

1 理解焦慮的深意

我怎麼了？該怎麼辦？

在我的諮詢室裡，來訪者們最常提起的是焦慮所引起的身體症狀。比如說，焦慮發作的時候那種心慌心悸的感覺，呼吸困難、頭暈頭痛、腿軟，好像路都走不穩，擔心自己下一刻就會暈倒。更為嚴重的會肢體發麻、眼前發黑、不能動彈，甚至有瀕死感。這些症狀都是我們所害怕的，我們非常希望它能趕緊停止，不要再折磨我們。

然而我想告訴你，焦慮的產生是有原因的，並且它是為了保護你才會出現的。比如，因為對健康的焦慮，你可能會頻繁體檢，加強身體鍛鍊，還有可能改善自己的飲食習慣，而這一切都會確實提升你的身體素質。又比如，在因擔心遲到而產生焦慮時，你可能會提前做好更充分的準備，讓自己第二天可以準時到達。適度的焦慮，帶給我們的好處顯而易見。

但過度的焦慮也會帶給我們「好處」嗎？

在心理諮詢裡，我們常說一句話：所有的症狀對於當事人而言，都是「有好處的」。這種「好處」指的是我們將「潛在獲益」。我舉幾個例子，你就明白了。

我的來訪者A先生是一間私人公司的創辦人。創業這些年來，他非常辛苦，常年在外出差，經常加班到深夜，一年到頭都沒有好好休息的時候。他說在焦慮症狀發生以前，他最大的願望就是能好好睡一覺，他實在太累了，經常覺得自己撐不下去了。自焦慮發作以後，他已經一年沒有辦法工作，只好把公司交給合夥人打理。他非常著急，希望自己趕緊好起來，讓自己可以儘快重返職場。

我的來訪者B女士是一個五歲孩子的媽媽。一方面，她看別人的孩子都上這樣那樣的補習班，心裡非常著急，生怕自己的孩子輸在起跑點上，所以也給孩子報了很多補習班。另一方面，她發現孩子學得很痛苦，經常抱著她哭，她內疚且自責，覺得自己小時候就是這樣，被爸媽逼著痛苦地學習，因此更不應該再讓孩子重複自己童年的不幸。這種糾結持續了一段時間，她開始出現焦慮症狀。在這之後，她也顧不上帶孩子上補習班了，總擔心自己的身體，天天往醫院跑，所有的心思都放在治病上。

我的來訪者C同學是一個中學生。前不久，C同學的媽媽剛生了弟弟，全家人的關注都集中在了弟弟身上。之後他開始出現焦慮症狀，頻繁地心慌心悸、頭暈害怕，上學需要父母接送，甚至晚上睡覺都需要父母陪伴。他感到非常痛苦，希望趕緊好起來，回到正常的生活。

從這三位來訪者身上我們不難看出，雖然焦慮確實帶給了他們痛苦，但似乎也帶給了他們「好處」。比如說：A先生，在焦慮發生以後終於可以休息，不用上班了；B女士，在焦慮發生以後，她終於不用勉強孩子去上補習班了，也因此避免了之前的內疚和自責；還有C同學，在焦慮發生以後，全家人的關注點從弟弟身上又回到了他身上，他又享受到了父母的陪伴和照顧。

當然，我們也會發現，這些「好處」並不是當事人主動尋求的，他們並不希望自己焦慮，只是一不小心，透過焦慮的症狀而獲得了這些「潛在獲益」。此後，焦慮的症狀就延續下來了。

找到焦慮帶來的「潛在獲益」以後，我們也就不難理解為什麼焦慮讓我們這麼痛苦，而我們卻無法消滅它了。原來，它對我們是有保護作用的，是有意義和貢獻的。既然它對我們有「好處」，我們自然捨不得丟掉它。也就是說，消滅焦慮是不可能的，我們能做的只是緩解焦慮，用一種溫和的方式跟它共存，減少焦慮症狀帶給我們的痛苦。

明確了這個大方向以後，接下來，我們再來看看焦慮是怎麼產生的，思考到底是哪個環節出了問題。

☑ 練習

焦慮的潛在獲益

自我察覺，焦慮帶給了你一些怎樣的「潛在獲益」？

-
-
-

2 找到焦慮的成因

「我想要」和「不允許」

想要緩解焦慮，我們需要先找到焦慮的成因，這樣才能有針對性地對這個成因做出調整。接下來，讓我們戴上「顯微鏡」來觀摩一下這三位來訪者的思維過程，看看問題到底出在哪裡。

A先生的思維過程：

我**想要**休息，可是我**必須**去工作。

↓

如果不工作，我的公司就會破產，我就會活不下去。

↓

不行，我**不能允許**自己休息。

↓

焦慮產生

B女士的思維過程：

我**想要**孩子快樂幸福，可我**必須**逼他去上補習班。

↓

不上補習班孩子就會輸在起跑點上，他的人生就完了。可是他不快樂就會得心理疾病，他的人生也完了。

↓

不行，我**不能允許**孩子輸在起跑點上，但我也不能允許孩子不快樂幸福。

↓

焦慮產生

C同學的思維過程：

我**想要**家人高度的關注和愛，可我**必須**懂事，必須把關注和愛分享給弟弟。

↓

我如果不願分享愛，就是不懂事，家人就會對我失望，我就會失去他們的愛。

↓

不行，我**不能允許**自己「不懂事」。

↓

焦慮產生

分析完他們的思維過程，你是否留意到了其中的幾個關鍵字——「我想要」、「我必須」及「不允許」。

「我想要」指的是我們內心隱藏的願望（在心理學裡，我們把它叫作「潛意識層面的心理需求」）；「我必須」指的是我們內在對自己的要求（在心理學裡，我們把它叫作「意識層面的自我要求」）；而「不允許」則意味著，以上二者發生了衝突與對抗。

把這三個關鍵字聯繫在一起，就是我們焦慮產生的心理原因：「我想要」和「我必須」這二者發生衝突與對抗，從而產生了「不允許」，在心理學裡，這一過程源於潛意識層面的心理需求與意識層面的自我要求形成了衝突與對抗。

簡而言之，意識就是我們日常可以察覺到的自我想法。而潛意識，就是我們日常察覺不到卻對我們的行為產生決定性影響的隱密意識結構。

焦慮的產生，往往是由於潛意識裡的心理需求與意識層面的自我要求產生了衝突，於是導致了我們內心的種種掙扎和痛苦。毫無疑問，在這個過程中，「不允許」是引發衝突和對抗的關鍵點。那麼為什麼會「不允許」呢？仔細觀察你會發現，在「不允許」的背後，其實都有著一系列我們自己想像出來的「極端危險假設」。

比如：

A先生的「極端危險假設」：如果我休息，我的公司就會破產，我就會活不下去。

B女士的「極端危險假設」：不上補習班孩子就會輸在起跑點上，他的人生就完了。可是他不快樂就會得心理疾病，他的人生也完了。

C同學的「極端危險假設」：我如果不願分享愛，就是不懂事，家人就會對我失望，我就會失去他們的愛。

正是這樣的「極端危險假設」給他們帶來了空前的不安全感，讓他們不能允許自己的心理需求（我想要）得到滿足，同時他們不斷地逼迫自己去實現那些自我要求（我必須），因此才引發了心理上的衝突和對抗，也正是這樣，才導致了焦慮的產生。

心理小知識

精神分析學之父西格蒙德．弗洛伊德（Sigmund Freud）認為，在我們的意識深處，有一處從未被留意過的隱密版圖，那裡有著未知的強大的力量，而我們對它的瞭解始終極其匱乏——就好像漂浮在大海上的冰山，露出海面的意識部分不過十之一二，還有十之八九隱藏在海面之下，卻無時無刻不在控制和影響著我們——那隱藏起來的巨大山體，就是潛意識。潛意識是我們整個意識結構的幕後主宰。人類所有的行為、想法和感受統統受到它的影響和掌控。

☑ 練習

請你透過三個關鍵字「我想要」、「我必須」、「不允許」，找到焦慮產生的原因。找到潛意識層面的心理需求與意識層面的自我要求，以及二者所形成的衝突與對抗到底是些什麼？

我想要

我必須

不允許

☑ 練習

接下來，找到「不允許」背後潛藏的「極端危險假設」。你為什麼不允許自己滿足「我想要」，你害怕的到底是什麼？

極端危險假設

透過以上練習，我們找到了焦慮的成因。接下來要做的，就是教大家如何緩解焦慮。

3 焦慮的緩解

要向自己妥協嗎？

透過上一篇的課程和練習，我們已經察覺到了「極端危險假設」所帶給我們的不安全感是引發焦慮的關鍵。所以，接下來我們要做的事就是解構「極端危險假設」，嘗試動搖這個假設的權威感，質疑它的真實性，由此緩解心理上的緊張，降低我們的不安全感，進而緩解潛意識層面的衝突與對抗。

當我們能夠把「不允許」逐漸變成「部分允許」，以及「越來越多的允許」的時候，心理層面的衝突與對抗也就得到了緩和，我們的焦慮也就能自然緩解了。

具體怎麼做呢？下面我就來教給大家。

首先，記住以下三個問題，它們可以幫你解構你的「極端危險假設」：

1. 事情一定會這樣嗎？

2. 事情還有沒有其他可能？

3. 當下的現實是怎樣的？這種想法（擔憂）有沒有可能只是你的想像？

問完這三個問題後，跟自己討價還價，商議出「折中方案」，實現「部分允許」。以上，就是焦慮緩解的完整過程。下面，我帶著大家來演練一輪。

A先生的焦慮緩解

問：如果你休息了，公司就一定會破產嗎？

A先生：也不「一定」，公司還有合夥人，他們也可以代替我一陣子。

問：除了破產，事情還有沒有其他的可能？

A先生：也有，如果這個產品實在做不下去就不做了，換一個產品，或者另外成立一間公司重新開始，也是可以的。

問：當下的現實是怎樣的？「如果我休息了，公司就一定會破產」，這種想法有沒有可能只是你的想像？

A先生：現實是，焦慮以後我已經一年多沒管公司了，它仍在運轉，雖然發展得沒有那麼好，但也沒有很糟……是的，這確實是我的想像。即使我休息一段時間，公司也不會破產。

問：有沒有折中一點的方案，讓你既可以休息，又不至於擔心公司破產？

A先生：目前來看，公司沒有我大概還能撐半年吧。那就折中一下，我再休息三個月，這期間徹底放鬆，狀況好了就上班，不好就再休一個月。或者我也可以上一個月的班休息一個月，交替著來，這樣過渡一段時間也行……（後續繼續探討各種折中方案）。

說到這裡，請你模擬一下A先生的心理感受，此刻你是否覺得焦慮感有所減輕？當我們解構了「極端危險假設」，進而跟自己溝通和妥協，實現了「部分允許」之後，焦慮感也就隨之得到了減輕和緩解。

同樣，B女士和C同學也透過這個過程緩解了他們的焦慮。

B女士的焦慮緩解

問：「不上補習班孩子就會輸在起跑點上，他的人生就完了。可是他不快樂就會得心理疾病，他的人生也完了」，事情一定是這樣的嗎？

B女士：也不一定。很多人小時候沒有上補習班，後來也很有成就。而且我小時候也不快樂，雖然現在承受心理痛苦，但不至於嚴重到「人生全完了」的地步。

問：除了上補習班，還有沒有其他的可能性幫助孩子更好地發展呢？

B女士：也有，比如多帶他去美術館、科博館，讓他受藝術文化薰陶，培養他的興趣愛好。還有我們父母努力奮鬥，為他創造更好的物質條件，未來爭取搬家去更好的城市，送孩子去更好的學校讀書，等等，還是有很多其他方式的。

問：當下的現實是怎樣的？「不上補習班孩子就會輸在起跑點上，他的人生就完了。可是他不快樂就會得心理疾病，他的人生也完了」，這種想法有沒有可能只是妳的想像？

B女士：現實是小孩子才五歲，還沒開始起跑，不存在輸贏。他不快樂也只是因為補習這件事，其他時間都是快樂的，不存在心理疾病。他當下一切都很好，並不是「人生全完了」，這個擔憂確實是我的想像。

問：有沒有折中一點的方案，讓孩子開心一點，妳也安心一點，不會總擔心他「輸在起跑點上」？

B女士：那就少補幾門課，只讓他學最主要的兩門就好。或者，他如果實在不願意，那今年就先不學，等明年再讓他學……（後續繼續探討各種折中方案）。

C同學的焦慮緩解

問：「我如果不願分享愛，就是不懂事，家人就會對我失望，我就會失去他們的愛」，事情一定是這樣的嗎？

C同學：也不一定。我也是爸爸媽媽親生的孩子，他們是愛我的。

問：「我如果不懂事，就會失去他們的愛」事情有沒有其他可能性？

C同學：可能他們會暫時生我的氣，然後又不生氣了。或者罵罵我，然後就沒事了。以前我犯了錯都是這樣的，他們不會很長時間都生氣。

問：當下的現實是怎樣的？「我如果不願分享愛，就是不懂事，家人就會對我失望，我就會失去他們的愛」，這種想法有沒有可能只是你的想像？

C同學：當下爸媽對我都很關心，從我焦慮以後，他們一直帶著我到處看病，耐心照顧我。是的，這些只是我的擔心和想像。

問：有沒有折中一點的方案，讓你既能得到父母的愛和關注，又顯得懂事？

C同學：可以讓爸媽每週留出固定的時間陪我，其他時間讓他們去帶弟弟。此外，或許我可以分擔一些家務，比如爸爸做飯的時候我去廚房幫忙，這樣爸爸又可以陪我聊天，又覺得我懂事，會更喜歡我。或者我也可以幫他們照顧一下弟弟，換他們休息，他們休息好了更有精力陪我，也會覺得我更懂事……（後續繼續探討各種折中方案）。

以上，就是我們解構「極端危險假設」，跟自己做溝通和妥協，實現「部分允許」，以幫助緩解焦慮的整個過程。你學會了嗎？

讓我們透過練習來試一試吧。

☑ 練習

用三個問題，解構「極端危險假設」

事情一定會這樣嗎？

-
-
-

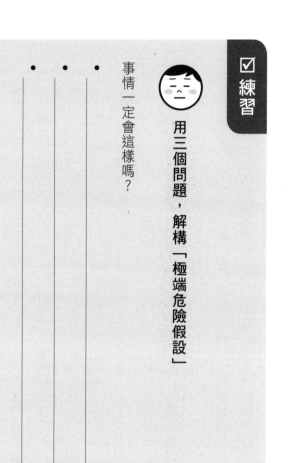

事情還有沒有其他可能性？

當下的現實是怎樣的？這種想法有沒有可能只是你的想像？

☑ 練習

用討價還價緩解焦慮

跟自己討價還價，商量出「折中方案」，實現「部分允許」。

（討價還價的過程很重要，你要儘量為自己爭取最大化的利益。比如說，我不想上班可不可以？不可以，因為我不上班就沒有飯吃，我需要養活自己。那麼我最多可以幾天不上班？兩天嗎？那好的，我就先允許自己休息兩天，可不可以？……這就是所謂的「部分允許」，像哄孩子一樣，儘可能「慣」著自己，儘量滿足自己的心理需求。）

完成練習以後，請認真感受一下：你的焦慮有所緩解嗎？

注意事項

在這個過程中，需要特別注意一點：不要試圖去控制或者征服你的「焦慮」。正如前面我們所說，焦慮本就因為衝突和對抗而產生，對抗的姿態不但不能消滅它，反而會讓它變得更強大。就像你所留意到的，越想控制焦慮症狀，它就會讓你越失控。你越逼迫自己去做「我必須」的事，焦慮就越讓你什麼都做不了。所以，我們真正要學習的是——妥協。放下苛求，向自己服軟，學著更多地照顧和寵愛自己，與自己握手言和。

後續延伸練習

回家寫兩個大字「允許」，貼在你最容易看見的地方。每當你看見它，就嘗試去允許自己做一件自己想做的事情（當然了，違背道德人倫的事不包括在內），去享受其中的寵溺和放鬆，仔細體會其中的快樂，並暗示自己，我可以。

後續思考

這幾天你允許自己做了一些什麼事？你的感受怎樣？

第二課

療癒焦慮背後的心理創傷——

✦課前提要

上一節課裡我們探討了焦慮產生的原因及焦慮緩解的初步辦法。這節課，我們會幫助大家定位自己的焦慮所處的階段：是原發性焦慮還是焦慮泛化（廣泛性焦慮）？繼而找到焦慮背後更深層的心理成因——心理創傷，並教給大家一套簡單易行的、可以自我緩解心理創傷的辦法，幫助大家更好地應對焦慮。

1 原發性焦慮和焦慮泛化

從只怕它，到什麼都怕

你可能會留意到，同樣處於焦慮狀態，有些人只對特定的事情感到焦慮，而另一些人則對更為廣泛的事情感到焦慮。這就是本篇我們要教大家識別的要點：你的焦慮到底是原發性的焦慮，還是泛化的焦慮？只有清楚地定位到原發性焦慮，我們才能找到其背後的心理創傷，才能對心理創傷做出干預。

所謂「原發性焦慮」是指，針對某特定物件或事件所產生的具體的焦慮。而「焦慮泛化」是指，不僅僅局限於某特定物件或事件，更為廣泛的、關聯性不太強的物件或事件也會引起當事人的焦慮。

我舉幾個例子你就明白了。

我的來訪者F小姐總擔心男友出軌。她總忍不住翻看男友手機，一旦發現他與女性的聊天記錄，即使內容很平常，她也會格外緊張。她會反覆盤問男友，要求男友澄清並發誓永遠不會出軌。雖然她也知道男友是專一的，卻無法停止擔心和不安。

我的來訪者D女士有強烈的疑病焦慮，總擔心自己罹癌。最開始她擔心自己會得胃癌；後來又擔心會得乳腺癌；小便的顏色深，會不會得腎臟癌；脖子有點粗，會不會是甲狀腺癌，等等。為此，D女士常年奔波於各大醫院做各種檢查，雖然結果都正常，但她卻一直無法停止擔心。

我的來訪者E先生突發社交恐懼，最開始是不能見到主管，一見主管就心慌害怕、腿軟。漸漸地，他看見別人也開始緊張，怕看對方的眼神，總覺得對方都在等著看他的笑話，怕自己會腿軟摔倒，然後被別人嘲笑。為此，待在家裡已一個月不敢出門。

接下來，讓我們仔細來分解一下這三位來訪者的焦慮過程。

F小姐的焦慮：擔心男友出軌（原發性焦慮）。

D女士的焦慮：擔心會得胃癌（原發性焦慮）——擔心會得其他癌症（焦慮泛化）。

E先生的焦慮：害怕見主管（原發性焦慮）——害怕見其他人（焦慮泛化）。

透過以上解析，我們可以看到D女士和E先生似乎比F小姐的焦慮多出了一個階段。

在焦慮的第一個階段——原發性焦慮時期，我們的焦慮聚焦在某一個特定的點上，但是在第二個階段——焦慮泛化時期，焦慮就擴大了，會波及一些並不直接相關的物件和事情，這個時候焦慮的狀況就變得更為複雜了。

通常而言，焦慮的完整進展過程其實是這樣的：

心理創傷

↓

引發特定的焦慮（原發性焦慮）

↓

未得到緩解，進一步強化、升級、擴大，產生更廣泛的焦慮（焦慮泛化）

所以，要深層緩解焦慮，我們需要依照焦慮的進展過程逆行往回：

泛化的焦慮

↓

尋找原發性焦慮

↓

尋找最初的心理創傷

↓

對心理創傷做出處理，焦慮緩解

接下來，就讓我們透過練習來定位你的焦慮及其階段吧。

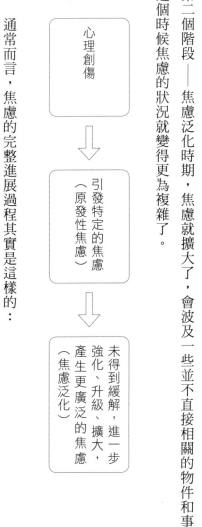

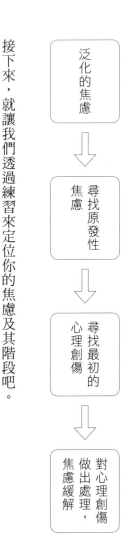

☑ 練習

請你透過以下三個問題，定位你的焦慮階段，是處於原發性焦慮階段，還是已進階為焦慮泛化？

當下，你最擔心害怕的是什麼事（哪些事）？

-
-
-

回憶一下，在焦慮剛產生的時候，你最擔心的是什麼事？

（你的原發性焦慮）

-

現在的焦慮和最初的焦慮範圍一樣嗎，有沒有擴大？
（察覺你的焦慮有沒有泛化）

透過以上練習，找到你的焦慮及其所處的階段。不管此刻你處於原發性焦慮的階段，還是焦慮泛化的階段，接下來，我們都需要找到引起焦慮的最初心理創傷事件，並對它做出處理，這樣才能幫助你深層次地緩解焦慮。

2 焦慮背後隱藏的心理創傷

焦慮是傷痕在說話

弗洛伊德認為，所有心理問題，所有的心理症狀背後，都隱藏著我們曾經的心理創傷。什麼是心理創傷呢？簡單來說，就是那些曾經對我們造成心理傷害的事件——事情發生的當時，帶給你很大的心理衝擊，即使事情已經過去，你仍然會時不時回想起來，仍然會身臨其境地感受到當時那種強烈的不安全感。

中國有句古話叫「一朝被蛇咬，十年怕井繩」，說的就是心理創傷所引發的焦慮。被蛇咬這個創傷事件雖然是一次性的，卻能讓一個人在十年的漫長時間裡，仍為此感覺到不安和焦慮，可見心理創傷的力量有多強大。

其實，焦慮背後潛藏著我們的心理創傷，只是很多時候我們沒有意識到。那該如何發現焦慮背後的心理創傷呢？很簡單。只需要針對我們的「原發性焦慮」，去問一個「為什麼」，就能找到它了。

繼續借用以上例子，我們來追溯這三位來訪者的心理創傷。

F小姐

問：妳為什麼會這麼擔心男友出軌呢？

F小姐的心理創傷：在他以前，我曾經交過另一個男友。我們交往了很多年，結果有一天我突然發現他出軌，在我毫無察覺的情況下，他居然已經和那個女人交往兩年了。後來我們分手，他就和那個女人結了婚。從那以後，我不敢再相信男人。一戀愛就擔心男友出軌，擔心自己像當年一樣，蒙在鼓裡像個傻瓜，怎麼被人搶了男朋友都不知道……

D女士

問：妳為什麼會擔心得胃癌呢？

D女士的心理創傷：三年前，我一個同事得了胃癌。我們去他家裡看他，他瘦得皮包骨頭，什麼東西都吃不了，看見我們就掉眼淚，樣子特別可憐。我當時心裡就想，癌症實在太可怕了……他媽媽說，他是因為總吃外食才這樣的，我當時一聽就嚇壞了，我也天天吃外食呀。後來上網一查，還真的有好多人因為外食健康出了問題。我就越想越害怕，開始擔心自己會得胃癌……

E先生

問：你為什麼會看見主管就心慌害怕呢？

E先生的心理創傷：這個主管很像我中學時的一個老師。那個老師特別凶。有一次上軍訓課，我走路姿勢不對，他就吼我、罵我，還跟著我，我走一步，他踹我一腳，最後把我踹倒在地上，我哭了，全班同學還起鬨嘲笑我。從那以後，我看見這個老師就害怕，就腿軟、站不穩。畢業以後，離開學校這個問題就好了。最近，我們單位調來了這個新主管，我一看見他就想起了當年那個老師，我害怕他會像那個老師一樣對我……

經由以上三個例子，你有沒有發現：焦慮最初發生的時候，我們其實不在當下，而是在最初那個心理創傷發生的時刻。我們感受到的，是來自當時的心理衝擊和無能為力的失控感，以及基於這種失控感的延伸想像（類似的創傷事件可能會再次發生於我現在的生活裡）。所以，想要真正緩解焦慮，就要讓記憶回到心理創傷發生的那一刻，以幫助我們恢復控制感。具體的操作方法，我會在下一篇內容中告訴大家。現在我們要做的是，透過以下練習找到焦慮背後的心理創傷。

☑ 練習

找到你的心理創傷事件

在上一個練習中，我們已經找到了自己的「原發性焦慮」。現在，請你在「原發性焦慮」之前，問自己一個「為什麼」：為什麼你會如此擔心害怕這件事呢？把背後的故事寫下來，這個故事就是你的心理創傷事件。

在下一篇的內容，我會教大家如何處理這個創傷事件。

常見疑問解答

1. 找不到創傷怎麼辦？

可能有一些朋友會出現這種情況，能感受到自己的焦慮，卻無論如何也回想不起自己的心理創傷。這種情況是正常的，也很常見。在心理學上我們把這種現象叫作創傷性遺忘，又叫作保護性遺忘。

我們人類的潛意識非常有智慧。出於保護自身的目的，潛意識常常會讓我們遺忘一些帶給我們痛苦的記憶。比如說，我們常常會聽到這樣的故事。老爺爺在老奶奶去世後突然失憶了，想不起來奶奶已經去世的事實，依然每天去他們散步的公園找老奶奶。又或者，有時我們跟感情很好的親人或朋友吵架，當時非常生氣傷心，但事後卻回想不起來吵架的細節。這些都是創傷性遺忘。它是潛意識對我們的保護，把心理創傷暫時封存起來，埋藏到潛意識深處，以減輕我們的痛苦。但創傷性遺忘並不是真正的遺忘，在相似的創傷場景產生的時候，或者在某些不經意的瞬間，它又會再度浮現出來。就好像你偶爾會突然想起一段多年以前的記憶，而在此之前你以為自己已經完全遺忘它了；或者，一些人在和配偶吵架的時候會「翻舊帳」，其實也是因為相似的創傷情緒喚起了之前的創傷記憶。

如果你在練習中，一時回想不起自己的心理創傷事件，沒關係，換個時間再試，多嘗試幾次，會慢慢找到的。

2. 生活中都是小事、瑣事，也會有心理創傷嗎？

有些朋友可能以為，創傷事件應該是一些大事、重大災難性事件。其實不然，我們生活中的創傷事件往往是一些小事、生活瑣事。比如，父母冤枉你偷了家裡的錢讓你很委屈，或者老師瞪了你一眼讓你很害怕，或者同學孤立你讓你很傷心……只要是對你產生了重要心理影響的事件，即使是小事、瑣事，它們也是心理創傷，需要得到我們的重視。

3. 為什麼有些事情並非我們親身經歷，只是耳聞或目睹，卻也成為我們的心理創傷呢？

人類這個物種，之所以經過幾百萬年的進化而生存至今，和我們的一項獨特能力分不開，那就是超強的「共情能力」。當你在看影視劇的時候，劇中的人物傷心痛苦，你也會跟著掉眼淚；當你看一些災難現場的影片時，裡面的人受傷了，隔著螢幕你都會覺得疼。正是因為有這樣的共情能力，我們不需要自己親身去經歷這些痛苦，而只需要透過耳聞目睹的方式就能習得經驗和教訓，這就大大節省了學習成本。人類以這樣的方式實現經驗互通，可以更好地趨利避害，保護整個種族的延續和發展。

但是這項能力有時也會帶給我們困擾。比如，我在諮詢中常聽來訪者提道：看見新聞裡地震災區的報導，就害怕自己的城市也會發生地震；身邊的人查出了重疾，就擔心自己也會患病；在馬路上目擊了交通事故，就嚇得再也不敢過馬路。這些都是耳聞或目睹災難資訊而帶給我們的心理創傷。雖然並非親身經歷，在潛意識層面，我們卻把自己和災難的受害者聯繫在一起，產生了過度的共情。在心理學上，我們把這種過度的共情叫作「過度捲入」或者是「共情性創傷」。

所以，心理創傷不一定必須是自己親身經歷的事情，耳聞或目睹都可以形成心理創傷。

4. 心理創傷過於嚴重，一旦回想起來就極其崩潰、極其痛苦，該怎麼辦？

這種情況可能已經超出我們自己可以調適處理的範疇了，有可能是「創傷後壓力症候群」（Post-Traumatic Stress Disorder，PTSD）。創傷後壓力症是指個體經歷、目睹或遭遇一個或多個涉及自身或他人的實際死亡，或受到死亡的威脅，或受傷嚴重，或軀體完整性受到威脅後，所導致的個體延遲出現和持續存在的壓力相關障礙。PTSD的核心症狀有三組，即再度體驗創傷症狀、逃避和麻木症狀、過度警覺症狀。如發生類似狀況，建議儘快就醫，或者尋求專業的一對一心理諮詢和幫助。

3 緩解心理創傷所引發的焦慮

溫柔包紮自己的傷口

透過上一篇的練習，我們找到了焦慮背後的心理創傷，接下來我們要做的是，幫助大家緩解心理創傷帶給我們的焦慮。

為什麼是「緩解」而不是「消除」這個影響呢？因為，我們每個人其實都是帶著心理創傷去生活的。在歲月裡，真實發生過的事情不可能磨滅。就好像你身上的傷口已經癒合，它也會留下一道疤，天晴下雨也會時不時疼一陣。所以，我們的任務不是去消滅創傷，而是找到一個跟它相處的方式，只要它不帶給你太多的痛苦，不影響你的正常生活就可以了。我們是有能力跟心理創傷很好地長期共存的。所以，在這裡，我希望教給大家的是一套可以自己操作，能夠緩解創傷性焦慮的辦法，幫助你透過自我調節，實現焦慮的減輕和舒緩。

在上一篇裡我們提到，焦慮發生的時候，我們其實不在當下，而是在最初那個心理創傷發生的時刻，我們感受到的是來自創傷當時的心理衝擊和失控感。換句話說，在焦慮發生的時候，我們其實沉浸在自己對於心理創傷的延伸想像裡。

我們的大腦有一個獨特的 bug（缺陷）——我們其實分不清想像和現實，我們常常以為自己想像的就是真的。比如，你認為這個人對你有意見，你揣測他對你的看法，然後你會信以為真，覺得他就是這樣看待你的。你在網上看到一則新聞，會發現評論區人們的觀點各不相同，他們還互相爭執，都覺得自己是對的。其實大家誰都不瞭解事件的全貌，卻都對自己的觀點和想像深信不疑。所以，很多時候我們對事情的想像和預判並不準確。尤其是在焦慮的時候，如果你留意便會發現，你擔心害怕的事情絕大部分並沒有真的發生，它們只是在你的想像中發生過而已。

所以，對於緩解焦慮，我們需要做的第一件事就是，透過自我暗示，使自己從想像的恐懼中回到現實，初步恢復控制感。

在焦慮發生的時候，在心裡默念以下這段心理暗示，並且重複三次以上：

……（我的心理創傷事件）已經是……（時長）以前的事情了，它已經過去了。此時此刻我真實的現狀是……，此刻我是安全的。

繼續用前三位來訪者的例子。

F小姐：男友出軌已經是上一段戀情的事了，它已經過去了。此時此刻我真實的現狀是男友對我很專一，此刻我是安全的。

D女士：同事罹癌已經是三年前的事了，它已經過去了。此時此刻我真實的現狀是身體健康沒有疾病，此刻我是安全的。

E先生：我被老師欺負已經是中學時代的事了，它已經過去了。此時此刻我真實的現狀是新主管並沒有這樣對我，同事對我也都很友善，此刻我是安全的。

☑練習

用心理暗示恢復安全感

……（我的心理創傷事件）已經是……（時長）以前的事情了，它已經過去了。

此時此刻我真實的現狀是……，此刻我是安全的。

請你模仿以上這一段話的結構，給自己寫一段心理暗示。寫完以後，閉上眼睛，在心裡把這段話默默重複三遍以上。做完以後，去感受一下，此刻的內心感受，是不是逐漸安定下來。

•

•

•

接下來我們要重點關注的是控制感的恢復。我們為什麼焦慮？因為「失控」——覺得整個局勢是自己無法控制的，不管怎麼做都沒有辦法確實地保護到自己。因此，在焦慮的時候你會想些什麼呢？你會不斷假設每一種危險的可能性，以及不斷尋找應對方案（在此情況下自己該怎麼辦）。當你找到應對方案的時候，你的控制感會得到一定程度的恢復，你就會覺得安定一些。而過不了多久，你又會開始設想下一個危險的發生，又接著設想下一個應對方案。在這個不斷循環往復的過程中，你只在做一件事，那就是「恢復控制感」。只有控制感有效恢復，你的焦慮才能有效緩解。

那如何恢復控制感呢？教大家一個有效的辦法，那就是做災備方案（災難備援方案）。把你能想到的所有最壞的可能性全部寫下來，列出一個清單，然後在後面問自己兩個問題：

1. 我可以做些什麼防止這種可能性發生？
2. 假如最壞的可能性真的發生了，至少我可以做些什麼以最大限度地保護自己？

繼續借用前文三位來訪者的例子。

F小姐

問：我可以做些什麼防止（男友出軌）這種可能性發生？

F小姐：我要對男友更好，讓他更依賴我、更愛我，這樣他出軌的機率就更小。

問：假如最壞的可能性真的發生了（他真的出軌了），至少我可以做些什麼以最大限度地保護自己？

F小姐：我現在經濟上不夠獨立，很大程度依賴他。或許我該換一份工作，多賺一點錢，這樣即使他出軌了，至少我還能給自己提供物質保障。

D女士

問：我可以做些什麼防止（罹癌）這種可能性發生？

D女士：堅持鍛鍊身體，健康飲食，身體好就不會罹患癌症。

問：假如最壞的可能性真的發生了（真的患癌），至少我可以做些什麼最大限度地保護自己？

D女士：近期我打算買一份防癌險，這樣即使有一天我真的罹癌了，至少有錢治病。然後每半年做一次體檢，這樣即使真的有癌症也能儘早發現，早發現早治療，不會拖到晚期……。

E先生

問：我可以做些什麼防止（被主管霸凌和被人嘲笑）這種可能性發生？

E先生：我可以申請換一個部門，不在這個主管手下做事。還可以嘗試變得幽默一點，經常故意出醜逗大家笑一笑，這樣即使真的出醜，大家也會以為我在故意搞笑，不會真的嘲笑我。

問：假如最壞的可能性真的發生了（被主管霸凌和被人嘲笑），至少我可以做些什麼以最大限度地保護自己？

E先生：如果這樣的話，我就申請提前退休。儘管退休金少一點，我還可以去做一點別的事，比如教孩子寫書法呀，這些也能賺錢……

☑ 練習

用災備方案恢復控制感

請你針對自己的焦慮，也去問自己這兩個問題。之後感受一下，此刻你內心是不是安定了許多呢。

1. 我可以做些什麼防止這種可能性發生？

-
-
-

2. 假如最壞的可能性真的發生了，至少我可以做些什麼以最大限度地保護自己？

-
-
-

延伸思考

除此之外，你還有沒有自己獨特的焦慮緩解辦法？之前焦慮出現的時候，你是用哪些方法幫助自己緩解焦慮和平靜下來的？試著去回想一下，把這些辦法總結出來，以後可以繼續用它們幫助自己。

我們每個人都是處理自己問題的專家，我們是這個世界上最瞭解自己的人。從出生開始，你就跟自己待在一起，幫助自己解決了無數大大小小的難題。所以，這一次也一樣，你有能力幫助自己處理焦慮這個問題，不要低估了自己的智慧。用心去尋找和總結你自己的辦法，打造一套屬於自己的焦慮緩解祕笈吧。

練習的過程中，或許你會回想起一些與原生家庭有關的創傷，你可以把它們先記錄下來，後續在第二階段的學習當中，我們會系統地幫助你處理原生家庭議題。

第三課

與「不安全感」、「高敏感」握手言和

✦課前提要

在前兩課裡，我們探討了焦慮產生的原因，焦慮背後的心理創傷，並幫助大家緩解焦慮。在本節的內容裡，我們要繼續帶領大家探索焦慮的深層核心，幫助大家恢復基本的安全感與控制感，緩解焦慮。

1 發現焦慮的深層核心

發現「你內心深處隱藏的角落」

「你焦慮的到底是什麼？」在心理諮詢裡，我會請我的每一位焦慮來訪者仔細思考這個問題。得到的答案常常是這樣的：

「我焦慮的是我的孩子，他現在還未成年，天天沉迷於網路，不愛學習，以後還怎麼上大學，怎麼找工作？沒有一個好前途該怎麼辦？我天天焦慮得睡不著。」

「我焦慮的是我的健康。自從同事突然罹癌去世，我就害怕自己長了腫瘤，經常跑到醫院去檢查。整個人都活得提心吊膽！」

「我焦慮的是我老公。自從上次他出軌以後，我就無法再信任他了。雖然他一直努力表現，對我對家人都很盡心，但我卻總忍不住想翻看他的手機，對他周圍的每一個女同事起疑心。一想到他可能再次出軌，我就坐立難安。」

沒錯，這些都是我們確實焦慮的內容。然而，它們只是我們焦慮的淺層表現。想要深入地解決焦慮，我們必須更深更近地去察覺它們，察覺潛意識深處的擔憂和恐懼，把它們拉出來，跟它們對談，這樣才有機會與焦慮和解，握手言和。所以，你需要克服內心的恐懼和想要逃避的衝動，問自己一個問題──「假如我所害怕的情況真的發生了，會怎樣？」把這個問題層遞式多問幾次，一直推導到自己最不願面對、最無法承受的那個結局，那就是你焦慮的核心──你內心最深的恐懼。

我們來模擬其中一個案例的推導過程。

來訪者F女士：我焦慮的是我的孩子，他現在還未成年，生活習慣這麼差，天天沉迷於網路，不愛學習，以後還怎麼上大學，怎麼找工作？沒有一個好前途該怎麼辦？

問：假如孩子沒有考上大學，沒有找到工作，沒有一個好的前途，會怎樣？

F女士：那他就會很慘啊。他會找我和他爸爸要錢。我和老公都是靠工資吃飯的人，以後退休金也很微薄，怎麼禁得起他來啃老！

問：假如他真的啃老，會怎樣？

F女士：（哭泣）那我和老公都會過得很慘的。孤苦無依，若突然生重病更會拖垮生活，像那些獨居老人一樣，餓死在家都沒人知道。

推導到這裡，我們便可以看出，F女士內心真正的深層恐懼，並非如自己所以為的那樣，即對兒子的擔憂，而是對貧困與死亡的焦慮——擔心自己會老無所依，貧病交迫，最後孤獨地死亡。

我們再來示範另一個案例的推導過程。

來訪者C女士：我焦慮的是我的健康。自從同事突然罹癌去世，我就對自己的健康格外關注。身上一疼，我就懷疑長了腫瘤，就十分害怕，趕緊跑到醫院去檢查。

問：如果妳真的長了腫瘤，會怎樣？

C女士：那我就會死啊！太可怕了。

問：如果妳真的面臨死亡，會怎樣呢？

C女士：如果我死了，我的女兒該多可憐。她還那麼小，她爸爸肯定會再給她找一個後媽，後媽能對她好嗎？以後她的人生該多可憐……

推導到這裡，我們便可以看出，C女士真正的內心深層恐懼，其實是對孩子的擔憂——「我如果出現意外就沒有辦法好好保護我的孩子了，我的孩子可能是不安全的」。

經由這兩個案例的推導，我們可以看出，很多時候，我們自己所察覺到的問題可能並不是焦慮的核心點。而在心理治療中，只有找到問題真正的核心，再針對這個核心的焦慮點做出處理，才能幫助我們有效地解決焦慮。

因此，接下來我們要做的就是，找到自己焦慮的深層原因——最關鍵的核心焦慮點。在找到它以後，我們會在下一篇教大家具體的處理辦法。

與此同時，為了驗證你所找到的是否真的是焦慮的核心點，你可以問自己這樣一個問題：「假如這個情況得以解決，我的內心會不會覺得安全很多？」

引用上面的兩個案例，就是：「假如妳的晚年確定是安全的，即使孩子不成器，妳也不會孤苦無依、餓死家中，這樣的話，妳會不會覺得安心很多？」以及「假如妳的女兒確定是安全的，即使妳發生了意外，她也可以平安順利地長大，妳是否會覺得安心很多？」如果你的答案是「我真的會覺得安心很多」，那麼，你所找到的，就是你焦慮的核心點。

☑ 練習

發現焦慮的深層核心點

- 找一個安靜的時間，讓自己靜下心來自我覺察——「我的焦慮核心點到底是什麼？」

- 請你參照上述的推導及驗證過程，探索和發掘自己內心深處的焦慮核心點。

2 安全感與控制感的恢復

你並非毫無辦法

透過上一篇的練習，我們找到了內心深處焦慮的核心。在這一篇當中，我將與大家分享一個重要的應對方法——「災備計畫法」。

「災備計畫」我們在上一課的練習中就曾經用到過。事實上，做「災備方案」對於恢復心理安全感和控制感非常有幫助，是我們緩解焦慮、擔憂及恐懼的重要有效途徑。

透過觀察自己焦慮的內容，你會發現，焦慮往往由過去指向未來——過去的經歷對我們造成創傷和影響，讓我們產生不安全感和失控感。因此，我們會幻想未來可能發生的且自己無法應對的局面，以及這些局面帶來的糟糕後果。整個過程中，我們尤其需要注意兩點：

(1) 所有的焦慮都指向未來，你所擔心的事情尚未發生；

(2) 困擾你的其實都是自己的想像，而不是當下已發生的事實。

基於這兩點，我們不難發現，焦慮其實是我們跟自己玩的一場想像遊戲。那麼，這場想像遊戲的意義在哪裡？我們的潛意識為什麼要跟自己玩這場想像遊戲？

從生物本能角度而言，焦慮是所有動物生存於自然界的保護技能。因為對食物的焦慮，松鼠會在冬天來臨之前，在洞穴裡儲備好過冬的食物；因為對外敵入侵的焦慮，獅子會在自己的領地周圍用排泄物做標記，警示其他的同類；因為對自身安全的焦慮，狗會邊走邊用尿液留下標識，以便追蹤氣味回家……這些行為，都是動物為自己的焦慮所做的「災備方案」。

正因為做了這些「災備方案」，動物才能得以保障自身的安全和實現種群延續。由此，我們可以推知，焦慮存在的意義，是為了促使我們為自己的安全而去做「災備方案」。

然而，我們常常在做的事情卻與之相反——察覺到自己的焦慮後，你是怎麼做的呢？留意你的思維過程，是不是這樣一個迴圈的過程：察覺到一個不好的想像，你越想越害怕，然後告訴自己「別亂想了！這些都是你瞎想的，不是真的」。之後，你試圖轉移注意力去想別的事。但過了不久，另一個不好的想像又冒了出來，於是你重複上一個迴圈——把它壓下去，轉移注意力，直到下一個焦慮的想像又冒出來。

就像「打地鼠遊戲」一樣，一個又一個焦慮想像不斷彈起來，你把它壓下去，過不了多久，另一個又彈起來，你又把它壓下去……。

如此往復，搞得自己疲憊不堪。

說到這裡，你是否發現問題究竟出現在哪個環節？沒錯，是我們用壓抑的方式強行終止了焦慮的自然發展，跳過了「災備計畫」這個重要步驟，因而導致了焦慮的擴散和泛化。原本焦慮的目的是讓我們去做「災備方案」，而我們沒有做，僅僅是把它壓下去了。如此，潛意識的安全感沒有得到滿足，它又怎會善罷甘休？

於是，潛意識接著衍生出更多焦慮想像，進一步督促你去做「災備方案」……長此以往，充滿危機感的想像便越來越多，焦慮的情緒也越來越泛化，漸漸你就覺得無從著手、全面失控了。

舉一個例子幫你更好地理解這個過程。

我的來訪者W女士，她說：「我焦慮的是我老公。自從上次他出軌以後，我就無法再信任他了。雖然他一直努力表現，對我和對家人都很盡心，但我卻總忍不住想翻看他的手機，對他周圍的每一個女同事起疑心。一想到他可能再次出軌，我就坐立難安。」

W女士回憶說：「近期我老公有一次出差，期間我傳了一條訊息給他，他沒有回。緊接著我打電話，他也沒有接，半小時後他才回電，說剛才手機關靜音了，沒聽見。就在這半個小時中，我腦海中閃現過上千種想像：他是不是在跟女同事聊天？是哪位女同事？是上次我見過的那個女生嗎？或者，他是不是跟之前那個小三舊情復燃了？上次我看見他的通訊軟體裡有她，只是聊天記錄被刪除了，是不是這倆人又勾搭上了？或者，他是不是在跟狐朋狗友鬼混？他去廣州出差一定會找他大學室友C，那個傢伙一看就不正經，會不會帶他去一些不三不四的場所？會不會遇見一些不正經的女人？……」

這類想像層出不窮，她的腦海中如同萬馬奔騰一般，她越想越焦慮。她老公出差的那段時間，她被這些想像折磨得夜夜失眠。

根據上一篇內容，首先我們需要找出W女士焦慮的核心點，然後再根據這個核心點來做「災備方案」。於是我們嘗試把事情向前推演一步——「如果最糟糕的情況真的發生了，你會怎樣？」

我：如果妳老公真的再次出軌了，妳會怎樣？

W女士：那我肯定不能再忍，肯定會跟他離婚。但離婚以後，最可憐的還是我。我沒有工作，沒有經濟來源。自從懷孕生孩子以後，身材也變胖了，人也變醜了，想再嫁一個好人家也難。孩子還那麼小，我又撫養不了，跟著他爸爸一定不會幸福……。

我：讓我們來做一個假設，假設妳有工作、有經濟收入，身材也恢復到生孩子之前的狀態，對妳而言，離婚還是一種很可怕的可能性嗎？

W女士：那肯定會好很多。如果我具備這些條件，他又再次出軌的話，我甚至會主動考慮離婚。要不是生活所迫，誰願意跟一個反覆出軌的人過一輩子？

說到這裡我們可以看出，其實，W女士潛意識裡焦慮的核心點是——她自己沒有經濟來源，對外貌也沒有自信，如果失去了婚姻，就會有生存危機——只要解決了這個核心問題，她的心理安全感和控制感就會得到極大改善。

找到了這個核心的焦慮點以後，我們就可以針對它來做「災備計畫」——「我需要有工作，有經濟來源，身材需要恢復到從前的樣子。這樣，即使有一天真的面臨離婚，我也有能力保護自己。」

於是，W女士做了如下安排：

我想實現的目標	災備作用	時間計畫	具體安排
找到工作，擁有收入。恢復產前身材（瘦十二公斤左右）。	即使真的離婚了，我也有能力養活自己和孩子，也可以再度找到屬於自己的幸福婚姻。	六月至七月	找到一個合適的保母幫忙帶孩子，我可以每週去健身房鍛鍊三次，每次兩小時。爭取瘦六公斤左右。
		八月至九月	孩子可以斷奶了。我一邊鍛鍊一邊節食減肥，爭取再瘦六公斤。同時，開始寫履歷，上網關注合適的工作機會，聯繫以前的朋友和同事，向他們瞭解市場狀況和行業相關資訊，請他們幫忙引薦資源。
		十月至十一月	有針對性地投履歷，準備面試。去拍職業照，做皮膚保養，購置化妝品和衣服，準備上班。預計找一份年薪百萬元，與財務相關的工作。

做完這一份「災備計畫」以後，W女士的焦慮有了很大程度的緩解，內心的安全感和控制感也獲得了提升。在接下來的日子裡，她按照這份「災備計畫」來安排自己的生活，焦慮也大幅緩解。

同樣，你也可以參考以上方法，用「災備計畫」的方式，幫助自己緩解焦慮。既然焦慮是我們想像中的危機，當我們看到自己有辦法可以應對這種危機，保護自己安全的時候，焦慮的程度也會隨之大為減輕。

☑ 練習

災備計畫

針對你的核心焦慮問題來做一份災備計畫吧，以下範本供你參考。你可以直接在表格內填寫，也可以使用你更喜歡的方式來做計畫和安排。

記住，在做計畫和安排的時候，其中的內容一定要是你相信自己有能力做得到的。如果你放進一些自己都不相信自己能完成的事，恐怕對恢復安全感和控制感不會有太大幫助。做完計畫和安排以後，嘗試按照自己制訂的細則儘可能實踐，這樣你的安全感就能得到穩步恢復。

筆記

✦想實現的目標：________ ☆☆☆☆☆

災備作用：________

時間計畫

具體安排

✦想實現的目標：

災備作用：

時間計畫

具體安排

第四課
擺脫心理內耗模式

✦課前提要

經過前三節課的學習，我們對於焦慮產生的心理根源有了初步的思考和瞭解，也學習了一些恢復控制感和緩解焦慮的技巧。在本節課程裡，我們將重點探討引發焦慮的三個慣性思維，並教給大家具體的應對技巧。

我們的焦慮常常有著以下幾個特點。

第一，高度的自我關注。注意力總集中在自己身上，比如：總覺得別人都在評價自己——擔心自己做錯了什麼，做得不夠好，擔心自己說錯話別人會多想；或者高度關注自己的身體——我好像有一點頭暈，我會不會暈倒？我的胃怎麼突然疼了，會不會是胃癌？我怎麼還沒睡著？我會不會一直睡不著？

第二，選擇性的負面關注。總關注自己做得不好的地方，或者關注身邊一些不好的事情，對負面的資訊特別敏感。比如：我剛才的發言有哪裡不恰當，我發的這封郵件有沒有疏漏的地方，我剛才跟長官眼神對到有沒有問題，或者身邊又發生了哪些糟糕的事情，誰又得了癌症，哪裡又爆發了災難，哪裡又要打仗了……。

第三，活在消極負面的自我催眠當中。總在幻想一些不好的事情發生。比如：我早上可能會遲到，今天上司看見我可能會批評我，我的孩子在學校可能會遇到麻煩，我如果晚上睡不著可能就會得重病。

事實上，這三個特點也正是引發我們焦慮的慣性思維。如果能糾正這三個慣性思維，我們的焦慮將得到很大程度的緩解。本節課的內容分為兩部分，這兩個部分中提到的練習，建議大家每天重複並且持續二十八天以上。（二十八天是我們身體細胞新陳代謝的一個完整週期，也是新習慣養成的一個心理週期。當我們用新的、積極的心理模式替代了舊的、焦慮的慣性思維時，焦慮也將得到極大改善。）

1

逆轉「高度自我關注」與「選擇性負面關注」模式

要命，生活到處都是問題！

在開始探討之前，我想先問你一個問題：「最近如何，一切順利嗎？」

你會如何回答我？

我的來訪者A女士是這樣回答的：「最近還是老樣子，睡眠可能稍微好了一點，但還是睡得不夠，早上還是醒得早。焦慮可能也好了一點吧，但還是有，這一週又焦慮了好幾次。這兩天頭還是昏昏沉沉的，一躺在床上就緊張，心臟怦怦跳，總擔心自己入睡困難，怎麼還睡不著？今天早上剛醒就想哭。我跟老公說了這些問題，他也不理解，還覺得我矯情，隨便安慰了我兩句就去上班了。我真的好難過，我會不會永遠都好不起來了……。」

這些話聽起來熟悉嗎，像不像你的回答方式？我的問題是「一切順利嗎？」，而A女士的回答是「我的生活到處都不順利」。是的，毫無疑問，生活中的確會有很多不順利的地方，但靜下心來仔細想想，就沒有任何順利的地方嗎？讓我們重新梳理一遍，A女士的回答，其中至少有三件順利的事：第一，睡眠改善了一些；第二，焦慮改善了一些；第三，老公安慰了她。其實，A女士是有留意到這三件順利的事的，只是她潛意識裡認為「所有順利的部分都微不足道，而不順利的部分才是我生活的主旋律」。留意這個底層邏輯，正是因為這個關注負面的心理模式，讓我們久久深陷於焦慮的漩渦裡。

長期處於焦慮狀態中的人，幾乎都有這樣一個共同的心理模式——高度自我關注及選擇性負面關注。也就是，以自己為核心，高度關注與自己相關的事，同時忽略身邊其他的人和事。高度關注生活中負面的事情，同時忽略積極正面的事情。

舉個例子你就明白了。

我的來訪者C小姐向我訴苦，自從媽媽罹癌以後她就越來越焦慮，她越發害怕和媽媽吃飯。因為吃飯的時候，媽媽就會開始嘮叨：「我這兩天胃口更差了，什麼都不想吃；這藥怎麼不管用啊，我吃了還是疼，真是便宜沒好貨；今天這米又煮硬了，菜又炒鹹了；妳弟弟怎麼那麼久沒給我打電話；妳給我買的按摩儀怎麼這麼難用，淨瞎浪費錢……。」C

小姐很苦惱：「我們都知道媽媽生著病心裡不痛快，但她這個樣子，滿身負能量，搞得全家情緒都很低落，讓人忍不住想逃。」

後來，我在諮詢室裡見到了C小姐的媽媽。這位媽媽向我傾訴了很多苦楚：自從手術以後自己的健康每況愈下；為了治療花了不少錢，家裡積蓄所剩無幾；老公退休金不高，身體也不好；兩個孩子不懂事，老大不小了還不成家；家裡住的房子老舊，社區環境也差……她越說越焦慮，自己的情緒也越發低落。

我們可以很明顯地察覺到，C小姐的媽媽陷入了「高度自我關注」與「選擇性負面關注」的模式中。當我詢問她生活中有沒有什麼好的事情發生時，她堅定地告訴我：「沒有！一切都糟透了！」

於是我建議，我們或許可以嘗試另一種談話方法：用「幸好」兩個字接龍。每當妳說出一件生活中不開心的事，後邊就接一句由「幸好」開頭的話。

如此一來，我們的談話變成了這樣：「我的治療花了不少錢，家裡積蓄所剩無幾，但幸好錢還夠，沒有舉債；老公退休金不高，身體也不好，但幸好在我生病期間他撐住了，自己沒有病倒；兩個孩子不懂事，老大不小了還不成家，但幸好工作都還不錯，對我也有孝心；家裡住的房子老舊，社區環境也差，但幸好已經列入了都更計畫，過不了幾年就能拆遷新建了……。」經過了這一系列「幸好」的改裝以後，這位媽媽的情緒得到改善，整個人都輕鬆了不少。

透過上述談話我們不難發現，這位媽媽的生活並沒有發生改變，但是當她轉變了看待生活的視角，心理感受也就發生了變化，焦慮也隨之得到了緩解。所以，只要我們轉變關注點，轉變看待生活的視角，我們的感受和心理狀態也會變得不同。

那該怎樣轉變呢？既然問題模式是「高度自我關注」及「選擇性負面關注」，那就讓我們把這個模式做一個逆轉——把「高度自我關注」轉變為「廣泛的外部關注」，把「選擇性負面關注」轉變為「選擇性的積極關注」。讓我們忽視自己的個人悲劇感，去留意身邊快樂幸福的細節，選擇性忽略那些消極負面的資訊，聚焦積極正面的資訊。

以下這兩個小練習會幫助你逐漸建立「外部關注」和「正面關注」的心理模式。

☑ 練習

1. 負面關注的逆轉——「幸好」練習

以下這個練習，你可以在自己有負面感受的時候使用，以幫助自己緩解壓力和焦慮。

筆記

Date

/

/

/

Mood

☆
☆
☆
☆
☆

讓你感到不開心的事

• 今天女兒不聽話，跟我頂嘴，我很傷心。

•

•

•

用「幸好」來續寫它……

好險老公站在我這邊，幫我開導女兒，讓我心裡好過很多……。

☑ 練習

2. 外部關注和正面關注的建立——「幸運日記」

從今天起，每天請你寫下十個生活中發生的「小幸運」。不需要是重要的事，生活中的種種小細節都可以。寫「幸運日記」的目的是幫你發現生活中美好的點滴，讓你的注意力集中在外部世界的積極事件上，進而獲得良好的心理感受。

或許你會問，為什麼要寫十個呢？我每天哪裡會有那麼多幸運的事？當然有，只要你耐心去尋找，你就可以發現它們。如果你每天都要完成這項作業，你就會提醒自己留意生活中的好事，找到一個就趕緊記下來，而且你需要很努力地找，不然找不夠十個。於是，長此以往，你就會形成習慣，每天都會不自覺地關注生活中發生的各種好事。如此一來，你的生活會變得怎樣？你的心情又會如何？

筆記

Date

／

／

／

Mood

今天的小幸運

今天早餐的粥熬得特別好喝。

☆☆☆☆☆

感恩幸運

- 謝謝，我真幸運！
-
-
-
-

好啦，快嘗試起來！把這項「幸運日記」的練習持續至少二十八天以上（二十八天是我們身體細胞新陳代謝的一個完整週期，也是新習慣養成的一個心理週期），你就會形成心理上的「正面關注」習慣，你的焦慮也將得到大幅改善。

2 逆轉「消極負面的自我催眠」模式

壞事即將發生？

在第三課中我們探討過，焦慮其實是我們和自己玩的一場想像遊戲——想像各種不好的可能性發生，想像由此引發的各種糟糕後果，這些「可能會發生、更可能不會發生的糟糕後果」引起自己內心的恐懼、擔憂和壓力。

為什麼我們明明知道這些都是自己的想像，卻信以為真產生焦慮了呢？這是因為，我們的潛意識有一個獨特的情境混淆機制，讓我們對自己的想像信以為真，如此，才能制訂可行的災難備援方案，以確保我們個體的安全和種族的延續。不難看出，這是潛意識本能的自我保護機制之一。

你可以這樣簡單地理解為——潛意識其實分不清想像和現實，所以，不管是現實中發生的事還是想像中發生的事，都會帶給我們高度一致的情緒與情感體驗。換句話說，我們會誤把自己的想像當成真實（這一點我們在關於心理創傷的處理部分也曾提到過）。這就是為什麼，你在輾轉難眠的深夜裡，會因為自己想像中的事而惶恐不安或淚流滿面。

基於這個原理，焦慮的過程中，其實你一直在給自己做「消極的自我催眠」，即在腦海中想像各種各樣的不好的場景，然後暗示自己：你的生活會出現這些危機，你是一個如此不好的人，你周圍的環境如此不安全，對這些狀況你沒有能力應對和解決……你每天都用這些消極的想像給自己洗腦，促使自己進入越來越失控的焦慮狀態。

我的來訪者K先生就是一個典型的例子。

K先生是一個培訓講師，每天都需要站在講臺上給學生授課。自從有一次他在講臺上出錯引發學生哄堂大笑以後，K先生就對講課這件事產生了焦慮感。每天晚上他都要反反覆覆地準備講稿，告訴自己：「明天講課的時候千萬不要出錯，千萬不要出錯。」但內心卻忍不住一遍又一遍想像自己出錯的樣子。這些想像甚至反覆出現在夢中，讓他無比焦慮，甚至一次次驚醒。漸漸地，K先生覺得自己對講臺產生了恐懼。

我問K先生：「你最常有的焦慮幻想是什麼？」

K先生說：「我常常忍不住想像，自己講課又出錯了，站在講臺上面紅耳赤，自己非常尷尬，無地自容，又惹得學生們哄堂大笑，甚至還有學生帶頭轟我下場。一想到這些，我就跟自己說，再也不能出錯了，再出錯你的職業生涯就完了。但似乎越這樣想就越焦慮，越怕出錯就越會出錯，這些又讓我更焦慮。」

說到這裡，你是否察覺到問題的關鍵？是的，關鍵就在於「越這樣想越焦慮，越怕出錯越會出錯」。因為，我們潛意識裡想像的是一個失敗場景，而潛意識把它識別為真實了，就會產生與之相對應的心理狀態及行為方式。也就是說，你一直反覆想像失敗，潛意識就會以為這些失敗場景都是真實的，並且理所應當出現，於是就會呈現給你失敗的感受，以及讓你表現出失敗的行為。

那如何才能改變這種狀態呢？非常簡單，只需改變你想像的內容——以前你總是想像那些自己不希望出現的場景，現在逆轉過來，主動去想像你希望出現的場景。以這樣的方式，去糾正你潛意識裡「消極自我催眠」的問題模式。

你想要什麼樣的場景呢？讓我們繼續以K先生的故事為例。

K先生希望：「每一次我走上講臺，都是自然放鬆的姿態。我站在講臺上給學生們輕鬆愉快地講課，思路清晰連貫。講課的風格也風趣幽默，時不時跟學生們開玩笑，調動課堂氛圍。學生們都很喜歡我，用欽佩和認可的眼神看著我，一邊聽課，一邊認真做筆記，還時不時點頭回應我講的內容，學習狀態非常投入。整堂課上下來毫不費力……。」

K先生描述完，我請他察覺自己的心理狀態。K先生說，想像了這個場景以後，內心感覺放鬆了很多，焦慮的情緒也有所減少。

我請K先生每天儘可能地多重複這個「積極自我暗示」的想像訓練，去主動想像自己希望出現的場景，想像得越真實越身臨其境，效果就越好。當負面的想像又不自覺冒出來的時候，就用這個正面積極的想像去替代它。

一個月後，K先生告訴我，對於講課的恐懼和焦慮已得到了極大的緩解和改善。我建議他將這個「積極自我暗示」的想像練習延伸到生活的各個方面。

聽完K先生的故事，你是否也有共鳴和感悟？請你進行一個自我覺察：你最常有的想像是什麼？是積極、正面、陽光的，還是消極、負面、憂鬱的？你想像的是自己期待出現的場景，還是自己不希望出現的場景？這些想像與你的焦慮有著怎樣密切的關聯？

察覺到這一切以後，你可以參考以上我們提到的「積極自我暗示」想像訓練法，在腦海中想像自己希望出現的場景，以替代原有的消極負面的想像。長期堅持做這個想像練習，你的焦慮情緒會得到極大的改善。同時，建議你把它作為持續畢生的心理保健習慣，堅持下去，這會讓你的生活狀態更加積極，心態更加樂觀。

☑ 練習

「積極自我暗示」想像訓練

自我察覺，你常有的消極想像有哪些？

你真正希望出現的場景其實是怎樣的？把它生動描述出來，越詳細，越身臨其境，效果越好閉上眼睛，用積極想像去替代原來的消極想像，完成後，你內心的感受如何？

第二階段

原生家庭突圍

療癒原生家庭創傷

在第二階段的課程裡，我們主要從原生家庭的視角來探討焦慮型人格的形成，以及針對不同人格特點和不同的原生家庭創傷類型，來幫助大家自我療癒和緩解焦慮。

透過大量的臨床心理諮詢個案，我發現以下這三種問題模式最為常見：「控制型」、「指責型」和「忽略型」。

這三種原生家庭問題模式及它們的組合，最容易造就個體形成高焦慮型人格特質。除此以外，還有原生家庭中的角色錯位，也容易給個體帶來過度的壓力和邊界困擾。在本階段中，我們將從這四個方面著手幫助大家自我成長和調整。

具體內容如下：

- 焦慮的人格基礎：焦慮型人格與原生家庭
- 控制型原生家庭氛圍：其影響及自我調整
- 指責型原生家庭氛圍：其影響及自我調整
- 忽略型原生家庭氛圍：其影響及自我調整
- 原生家庭中的角色錯位：其影響及自我調整

開始學習之前，先回答兩個常見的疑問：

1. 我的原生家庭到底屬於哪一種模式？

原生家庭的問題往往是綜合呈現，它可能並不呈現出某一單一問題模式，而是由多個問題模式所組合。所以，不必糾結於「我的原生家庭到底屬於哪一種模式」。你的原生家庭可能包涵了好幾種問題模式，又或者與其中的某些問題模式相似卻不太一樣。這些都是正常的。這本書的課程是對大眾人群的共性問題進行闡述和處理，你需要透過學習和思考，再結合自身的具體情況，把這些知識和技巧整合到一起，如此才可切合自己的問題。

2. 如果我的原生家庭不屬於某一類型的問題模式，我是否需要學習對應章節？

需要的。因為給你帶來困擾，引發你焦慮的，除了自身的「焦慮型人格基礎」，還有錯綜複雜的人際環境。可能你的原生家庭沒有某一類型的問題模式，但你的配偶、父母、朋友、同事等人，他們在原生家庭中正好深受這一模式的影響，因而他們與你的關係也會受到這種模式的影響。我們完整地學習原生家庭中的一系列問題模式及其處理辦法，不僅僅是為了解決自己的問題，還為了更好地理解周圍的人和事，更好地和身邊的人相處，擁有更加和諧順暢的人際關係。所以，強烈建議你認真學完每一個章節的內容，在學習的過程中代入自己和別人來思考，知己知彼，讓人際往來更順暢。

第五課

為什麼你比別人容易焦慮：焦慮型人格與原生家庭創傷

✦ **課前提要**

透過上一階段的課程，我們找到了焦慮產生的深層心理成因——心理創傷，並且用恢復控制感的辦法幫助自己緩解創傷所引發的焦慮。在這節課裡，我們將陪伴大家更深入地探索焦慮產生的人格基礎——焦慮型人格，找到原生家庭和成長歷程在我們身上留下的印記和影響，繼而在後續的課程和練習中，能夠針對性地處理這些問題，幫助大家走出陰影和擺脫束縛，更深層地緩解焦慮。

通常來說，我們都以為焦慮的產生主要源於外部壓力。但仔細觀察你會發現，不同的人在面對同樣壓力事件的時候，所感受到的焦慮程度是不同的。比如小時候考試，有些孩子總容易緊張、生病、肚子疼；而另一些孩子則相反，吃得香、睡得熟，幾乎不受影響。又比如，平時生活中遇到衝突，有些人會耿耿於懷，翻來覆去地想，久久無法消化負面情緒；而另一些人則心態樂觀，處理完就沒事了，並不放在心上。那麼，是什麼造成了我們在面對壓力時不同的心理感受呢？這就要歸因於我們的人格基礎了。

根據我在臨床心理諮詢工作中的觀察，絕大部分來訪者的深焦慮狀態都與其自身的人格特點（你可以把它理解為「性格特點」）密切相關，也就是說，他們本身就屬於「焦慮型人格」。同樣的壓力事件，對於心理健康狀態較好的人而言，不會造成持續的破壞性困擾，但對於「焦慮型人格」的人而言，就會產生很大的心理壓力，並且久久難以排解。這一點我們會透過具體的例子來進一步解釋。

那麼，「焦慮型人格」有哪些特點呢？「焦慮型人格」的人往往情感細膩豐富，內心敏感多疑，說話和做事顧慮多，常常糾結於「對不對」和「該不該」，在生活中小心翼翼，擔心比較多。在人群中傾向於忍讓，常常悄無聲息地受傷又默默平復自己，把委屈都藏在心底，裝作一切都好。常在意別人對自己的評價，不願給別人添麻煩，很少有勇氣激烈地表達自己的需求和想法，屬於生活得很累又容易受傷的類型。

那「焦慮型人格」又是怎麼形成的呢？透過大量的心理案例，我們不難發現，「焦慮型人格」的形成與我們的原生家庭氛圍及個人成長經歷密不可分。常見的有：童年與父母分離，成長環境動盪，因為長期寄人籬下，缺乏安全感，所以生活得小心翼翼，會察言觀色，焦慮感比較強。此外，原生家庭中的父母（或撫養者），對孩子有過於嚴格的要求和控制，或者實施指責、否定、打擊式的教養方式，或者忽略孩子、情感交流匱乏等。這些都會造成孩子內心的壓抑和創傷，孩子養成謹小慎微、討好、容易內疚和自責的性格，這樣的孩子在成年後往往也呈現出深陷焦慮的狀態。

在這裡補充解釋一下：所謂「原生家庭」，是指我們從小長大的家庭環境，不一定是你親生父母所在的家庭。如果你是爺爺奶奶撫養長大的，或者你是親戚撫養長大的，又或者你是被收養的，那這個（或者這幾個）撫養你長大的家庭就是你的原生家庭，不管你的親生父母有沒有在其中。與「原生家庭」對應的另一個概念是「核心家庭」。

所謂「核心家庭」，是指由你和伴侶組成的家庭。比如，你現在和你的妻子或丈夫組成的這個家庭，就是你的「核心家庭」。而對於你的孩子而言，你的「核心家庭」則是他的「原生家庭」。

舉兩個例子來幫助大家理解這個概念。

我的來訪者H女士是典型的「焦慮型人格」：

原生家庭創傷

她從小父母離異，由叔叔嬸嬸撫養長大。寄人籬下的十多年裡，她常被兩個表姐欺負，嬸嬸對她也不好，常無故找碴，對她非打即罵。因為沒有父母的庇護，她只能忍氣吞聲、察言觀色，儘量躲著家中的是非，即使受了委屈也不敢反抗，只能默默壓抑在心裡，為此，她從中學時代就開始焦慮、失眠。

焦慮型人格特質

長大後，她離開叔叔家去外地工作，也有了自己的家庭，但內心仍然充滿焦慮。特別是有了孩子以後，焦慮感更為強烈。總是擔心孩子的種種，在幼兒園會不會被別的孩子欺負？會不會被老師打罵？有沒有吃飽？在玩耍中有沒有受傷？這些都是生活中的小事，她卻糾結不安，徹夜難眠。

來訪者K先生也是「焦慮型人格」：

原生家庭創傷

父親從小對他要求很高，希望他長大一定要出人頭地。所以，小時候他學習一直很刻苦，成績總是名列前茅。他記得有一次自己被關在家裡念書，聽見窗外小朋友們在院子裡玩，他也想玩，於是不知不覺走神了，呆呆看著窗外。正巧這時父親經過看見了這一幕，大發雷霆，還取下腰間的皮帶狠狠抽了他一頓。從此以後，他再也不敢懈怠。而這樣的經歷，在他的童年裡數不勝數。

焦慮型人格特質

長大以後，他成了一個容易焦慮的人，在工作中小心翼翼，害怕出錯，主管或者客戶稍有不滿意，他就焦慮得整夜睡不著。在人際關係中他也感覺壓力很大，總希望在人前展示出自己完美的一面，不敢讓別人失望。在家中他也處處謹慎，生怕父母對自己不滿意……久而久之，焦慮越來越嚴重，後來出現心慌氣短、身體發麻等「驚恐發作」症狀。

上兩位來訪者與其原生家庭經歷，在「焦慮型人格」的人群中不勝枚舉。除此以外，「焦慮型人格」的人往往因為謹慎和壓抑的性格，不善於傾訴自己的負面情緒，在人前極力偽裝，把所有壓力都憋在心裡。久而久之，壓抑在內心的負面情緒和心理能量找不到爆發的出口，就從身體層面失控地爆發出來，出現了種種焦慮症狀。

說到這裡，有些朋友可能會想：「只有缺乏愛的原生家庭才會給孩子帶來創傷吧？我的父母都很愛我，我怎麼會有原生家庭創傷呢？」其實，還真不是這樣。即使充滿愛的原生家庭，也可能會帶來創傷。

再舉兩個例子，幫助大家理解「原生家庭創傷」這個概念。

我的來訪者A女士因為自卑而焦慮，總覺得自己沒有能力，什麼事都做不對、做不好。在諮詢中，我問她：「這種自卑和妳的原生家庭有關係嗎？」

她很堅定地說：「沒有，我的原生家庭非常好，爸媽都非常愛我。尤其是我媽媽，我們一直到現在都會每天打電話，一聊聊很久，甚至經常聊到半夜。」

我問她：「那妳會跟媽媽聊什麼呢？」

她說：「什麼都聊，生活中的、工作中的所有事情我都跟媽媽說，媽媽幫我分析、出主意，告訴我哪些地方做得對，哪些地方做得不對，告訴我該怎麼辦。」

我問她：「這種情況從什麼時候開始的？」她說：「從小就這樣⋯⋯。」

說到這裡，聰明的你們發現問題了嗎？是的，正是因為A女士的媽媽太愛她，凡事都要參與，替她解決，所以，原生家庭的教養氛圍呈現出一種「高控制型」的特點。孩子就漸漸認為，我是沒有能力的，我解決不好這些事，我的解決方法都是不對的、不妥的，只有媽媽的方法才是對的、好的。長此以往，A女士就失去了自主解決問題的能力，變得越發不自信和自我否定，焦慮也就接踵而來。

我的另一位來訪者C先生，常常覺得委屈和受傷。他對別人非常好，點菜的時候讓別人先點，認領工作的時候讓別人先挑，凡事都優先考慮別人的感受，但身邊的人卻不顧及他的感受。

C先生問我：「為什麼好人卻沒有好報？」

我問他：「別人不顧及你的感受，你為什麼不能向他們要求呢？」

他說：「這怎麼可以提？從小父母就告訴我，要懂事，不要動這不要動那，該給你的父母都會給你，不該給你的，你要也沒用。所以我從小就不提要求，只是努力滿足父母的期待，然後在心裡默默盼望父母給我想要的東西。」

說到這兒，你發現問題了嗎？C先生之所以壓抑自己的需求而不表達，是因為他在原生家庭裡就是這樣被教育的。

所以，所謂原生家庭帶來的創傷，不是說一定要在原生家庭裡遭受虐待，也可能是一些潛移默化的問題模式的影響。即便父母愛我們，他們也不可能是完美的父母，也會帶給我們傷害和負面影響。因此，我們探尋原生家庭的問題不是為了歸罪於原生家庭，更不是為了把責任推給父母，而是為了更好地發現自己問題產生的原因，進而有針對性地調整，幫助自己緩解焦慮，實現更好的自我成長。

☑ 練習

你是「焦慮型人格」嗎？

觀察一下你有哪些「焦慮型人格」的特質？如果你的答案是「是」，建議你在學習本階段內容的同時，把第一階段中第四課的練習再做一個心理週期（二十八天）。

回顧你的原生家庭及成長經歷

觀察看看，你的「焦慮型人格」特質，可能和原生家庭裡的哪些因素有關？

透過以上思考我們不難看出，焦慮之所以難以解決，是因為它有著漫長的生長路徑和累積過程，是由現實中無數的壓力事件堆積起來而產生的，可謂「冰凍三尺非一日之寒」。所以，疏解它也需要一個過程，需要我們付出努力去自我成長和做心理調節，讓自己的內在慢慢發生改變。記住，在心理成長的路上，慢就是快，不要給自己太大的壓力。還記得我們在第一階段第一課後面提到的「允許」練習嗎（頁〇三五）？下面，也請你寫下這幾個字，每天都看一遍：

我允許自己慢慢來！我會慢慢越變越好！

在接下來的課程裡，我會教大家如何針對不同類型的原生家庭陰影和創傷進行自我調整，進而實現焦慮的緩解和擁有更加自由舒展的人生狀態。

延伸話題

很多朋友問我，治療焦慮只服用藥物而不做心理治療可不可以？

這麼說吧，抗焦慮藥物主要幫助我們緩解身體層面的症狀，藥物是不能幫助我們解決心理困擾的。所以你會留意到，僅僅透過服藥治療焦慮的患者，症狀會不斷地復發。

但如果同時配合心理治療，效果就會穩定和持久得多。因為，如果心理層面的問題沒有得到解決，人格狀態和思維模式就沒有得到調整，焦慮也不可能從根本上得到解決。只有從心理層面深入發掘問題，去看到創傷，去清理傷口，去疏導和修復，去包紮和縫合，才能讓我們的心結打開。內心壓抑的能量釋放出來，我們才能跟自己握手言和，實現輕鬆舒展的狀態，焦慮也才能真正離我們而去。

第六課

擺脫控制，活成你自己

✦課前提要

上一階段的課程裡，我們談到了原生家庭創傷對於「焦慮型人格」形成所帶來的影響。接下來在本階段的課程裡，我會教大家療癒原生家庭創傷的方法。

我們原生家庭中出現的問題往往是綜合呈現，而非單一的、某一個問題模式，是多個問題模式的組合。透過大量的臨床心理諮詢個案，我發現以下這三種問題模式最為常見：「控制型模式」、「指責型模式」和「忽略型模式」。這三種原生家庭問題模式及它們的組合，最容易造就孩子深陷焦慮甚至是形成高強迫性的人格特質。接下來我們會對這三種問題模式一一進行拆解。

在本課內容裡，我們將學習如何識別原生家庭中的「控制型模式」，以及調整「控制型模式」所帶給我們的影響，嘗試擺脫控制，尋獲內心的力量。

1 原生家庭的「控制型模式」及其影響

我不敢，我必須

在學習本篇內容之前，讓我們先來看幾個案例，大家可以猜一猜他們的原生家庭可能是怎樣的。

M女士在工作中是個鐵面無私、高度自律的人。她負責管理公司考勤，十多年來嚴格自律，從不遲到、請假。用她自己的話來說，「就算天上下刀子，我也會頂著刀子去上班」。有一次她騎自行車，路上被摩托車撞倒了，頭破血流。對方要送她去醫院，她拒絕了，堅持趕到公司打卡，後來因為失血過多摔倒在樓梯間，最後甚至是爬進辦公室的。還有一次，一位女同事因懷孕申請休假，部門主管和總經理給她批了一張空白假單，意思是休多少天都可以，休假回來補填日期就行。但M女士堅決不接受，她拒收假條，要求女同事必須寫清楚休假天數，並且追到上司們的辦公室，義正辭嚴地當面批評上司「徇私枉法」亂批假條……類似的事情在M女士的工作中不勝枚舉。在公司裡，M女士是做事最賣力的，卻也是人緣最差的。經常有同事指著她的鼻子罵，說她「小題大做，拿著雞毛當令箭」。一開始，上司還支持她的，後來，她常常「六親不認」連上司都罵，上司也不支持她了。M女士也察覺到了自己的問題，認為是自己太認真，她也想變得柔軟一些、靈活一些，但就是做不到。最近上司開始頻繁找她的麻煩，同事也傳言她要被開除了，M女士為此嚴重失眠，焦慮發作。

A先生是個青年才俊，工作能力強，但有一個弱點，就是在父母和權威面前難以說「不」。工作中，他對上司高度服從，即使明知上司是錯的，或上司的安排有損自己利益，他也無法拒絕。比如，有一次夜班下班，主管打電話叫他去一個酒局。明知道自己過度勞累、體力不支，明知道每次都會被灌醉，更重要的是，明知道這個酒局根本不重要，但接到電話的一瞬間，他似乎就成了收到指令的機器人，條件反射似地答應。後來喝多了，不得不進醫院急診室搶救。類似的事情經常發生，A先生也自我反省，決心下次一定拒絕。但下次只要主管一開口，他又傻住了，心裡即使一萬個不願意，也會爽快地答應和執行。

除此以外，他在父母面前也是這樣，對父母高度服從。之前交了一個女朋友，兩人感情很好，但父母不同意，他就忍痛分手了，找了一個父母認可的女孩結婚。婚後父母高度干涉他的生活，導致衝突激化，最終婚姻破裂。最近，A先生再次戀愛，他知道一切來之不易，想好好珍惜。但父母再次反對。他心裡也知道再也不能聽父母的了，他們會再次搞砸自己的婚姻，但他就是沒勇氣跟父母正面抗爭，沒勇氣捍衛自己的感情，女孩因此要離開他。A先生對自己失望至極，焦慮痛苦，一聽到電話鈴聲就以為是父母打來電，心驚肉跳；一想到父母的臉，胃就會痙攣，嚴重時還會嘔吐。

K小姐的親密關係一直不順利。每一段關係她都盡力付出和忍讓，卻換來對方抱怨，說跟她在一起很累。K小姐在戀愛中非常懂事，從不給對方添麻煩，凡事都為對方著想。對方問她想吃什麼，她會說：「我都行，看你。」對方問她想看什麼電影，她會說：「隨便，你愛看哪個就選哪個。」對方問她想要什麼生日禮物，她會說：「都行，你送的我都喜歡。」偶爾她也會試著表達自己的需求，比如「你如果順路可以來接我一下，不順路就算了啊」；如果對方答應來接她又突然爽約，K小姐也會懂事地給對方找臺階下：「沒關係，我正好也要加班，你安心忙手邊的事吧。」然而，如此懂事的K小姐，卻常覺得委屈和孤獨，覺得自己這麼遷就對方，對方卻不顧自己的感受，常忍不住哭訴指責對方。對方總覺得很冤：「妳想要什麼就說啊，妳不說我怎麼知道？」K小姐卻覺得：「這還用我說嗎？你連這一點都不懂嗎？」如此反覆，對方覺得她無理取鬧，覺得跟她在一起很累。而每當K小姐感覺親密關係出了問題時，就會先提出分手。雖然嘴上說得很決絕，心裡卻希望對方挽留自己，可每次對方都當真了，真的和她分了手。

K小姐也知道，是自己的表達方式出了問題，如果把真實想法說出來，兩個人會少很多誤會。可每次話到嘴邊就是說不出來，或者一開口，就說成了相反的意思。

以上這三位來訪者，看起來問題都出在自己身上。也許，你會想對他們說以下這些話。

對M女士：「大家都說妳太計較了，妳就不能靈活一點嗎？不那麼嚴格要求行不行？」

對A先生：「你是一個成年男人，該獨立了，怕主管幹什麼？怕爸媽幹什麼？你應該勇敢反抗，沒必要被他們管成那樣！」

對K小姐：「妳想要什麼就說啊，對方能給妳就給，不能給妳也不損失什麼。為什麼不說？非要委屈自己，為難別人？」

是的，這些話他們也對自己說了千萬遍，可為什麼就是做不到呢？不是因為難，而是他們受困於自己常年的問題心理模式，而不敢改變。在社會心理學上，這個現象叫作「習得性無助」。

美國心理學家馬汀・塞利格曼（Martin E.P. Seligman）在一九六七年做過一個實驗，他把狗關在籠子裡，只要警報聲一響就給狗施加電擊。一開始狗會試圖逃跑和反抗，在籠子裡狂奔。但多次實驗後，狗知道跑不出籠子，也就不跑了，只要警報聲一響就趴在地上哀嚎。再後來實驗者把籠門打開，按下警報器，此時的狗已經不試圖逃跑了，牠們依舊待在原地，不等電擊就開始哀嚎。為什麼會這樣？因為過去長時間的挫折讓狗知道，反抗和逃跑都是徒勞的，牠們能做的只是留在原地承受痛苦，因此，即使有機會，牠們也放棄努力了，過去的陰影讓牠們陷入了深深的無助和失能的狀態中。這就是習得性無助。

這個實驗和以上三位來訪者的原生家庭又有什麼關係呢？當然有關係。他們就像是被囚禁在原生家庭問題模式裡的小動物，即使長大了，囚籠打開了，他們卻依然待在原地，重複著原來的痛苦，忘了自己是可以反抗和逃走的。外面的人看得見，會提醒他們：「快出來呀，囚籠打開了！」同樣他們自己也看得見，他們也對自己喊：「快出來呀，囚籠打開了！」可是，內心卻總有一個聲音在說：「我不敢。」

為什麼不敢，你究竟在怕什麼？噢，怕的原來是記憶裡原生家庭中那些「控制」你的「繩索」。

那麼，這三位來訪者的原生家庭中到底發生了些什麼呢？你可以先猜一猜，再看以下內容，看你猜對了多少。

M女士的原生家庭

M女士的父親是個軍人，性格強勢而固執，家中凡事都必須聽他的。從小父親就對M女士進行軍事化管理：被子要疊成豆腐塊，服裝鞋帽要擺放整齊，行動要迅速果斷，做人要誠實正直、堅守原則，不許撒謊、不許偷懶、不許嬌氣、不許耍小聰明。一旦被他抓到任何瑕疵，M女士就難逃打罵。而且他打人的時候還不允許別人解釋，越解釋打得越重。

記得小學有一次，M女士病了，外面又下雨，母親就給她請假，讓她在家休息。父親發現後衝進她的房間，不顧母親的阻攔，一腳把她從床上踹到地上，吼道：「這點小病算什麼，下雨算什麼，像你們這麼廢物，國家早晚得敗在你們手裡。起來，滾去上學，妳今天爬也得爬去，外面就算下刀子也得去！」

父親嚴格而強勢的控制型教養，讓M女士痛苦不已，她從小就擔驚受怕、小心翼翼，總是期待長大後可以離開這個家。但沒想到，長大後她的確離開家了，但卻內化了父親的模式，繼續用嚴苛的方式要求自己和身邊的人。

A先生的原生家庭

A先生父母都是教師。母親性格強勢，小時候A先生只要做錯事情母親就會責打他，甚至還曾把他拎到窗戶邊嚇唬，說要把他從五樓扔下去。此外，母親和父親經常吵架，雙方都性格偏執、互不相讓，一副爭個你死我活的樣子，總會驚動左鄰右舍跑來勸架。A先生從小溫順聽話，小心翼翼，儘量不招惹父母，以避免家中的「大戰」。

上中學後，父母不再打他，換成了說教。A先生只要一犯錯，父母就不停說教，對他「輪番轟炸」，經常一說就是幾個小時，還會告訴親戚朋友，讓大家來評理，大家共同說服他、教育他。所以，每次他只要違背父母的意願，就像捅了馬蜂窩一樣，會被左鄰右舍、親朋好友圍堵，說到他頭腦炸裂。

再後來A先生長大離開了家鄉，父母失去了親朋好友的神助攻，於是又升級了控制模式，變成哭鬧和尋死。比如：A先生交的女朋友他們不認可，他們會先不停打電話，每次說教三四個小時，如果沒有達到效果，或者A先生不接電話，他們就要跑到公司鬧，還發訊息威脅A先生：「你媽被你氣得心臟病犯了，現在去醫院搶救了，你是想要你媽死嗎？」當A先生擔心，打電話詢問的時候，他們又故意製造緊張氣氛，指責A先生：「你還知道管你媽死活？你媽差點被你氣死，剛緩過來，醫生說她不能再受刺激。你就是這樣孝順你媽的？你媽死了你不會內疚一輩子嗎？」電話裡還傳來母親的陣陣哀嚎……A先生知道，這些都是父母控制他的手段，但他卻無法反抗。

與此同時，A先生害怕上級也是因為父母都是老師，從小他就畏懼父母（老師）身上的威懾力，而上司給他的感覺就像老師一樣，他潛意識把對父母的畏懼轉移到了上司身上，這才會對上司高度服從。

K小姐的原生家庭

K小姐是外婆帶大的。外婆是個知識女性，注重家教。從小外婆就告訴她：「我們這種知識分子家庭出身的小孩，要懂規矩，不能跟那些沒家教的野孩子一樣。那些野孩子總找大人要這要那，妳不能亂要東西，該給妳的大人自然會給妳，不該給妳的要了也沒用。妳要懂事，不要給大人添麻煩，外婆年紀大了照顧妳很辛苦了，要是妳不聽話，就把妳送去妳奶奶家。妳奶奶重男輕女，過去絕對沒有好日子！」

因為從小K小姐就最乖、最聽話，外婆在眾多孫輩中最疼愛她。於是，K小姐心裡就留下了這樣的印象，只要自己乖、聽話、不給大人添麻煩，就能得到更多的愛；而如果「不聽話、給大人添麻煩」，就會被拋棄（送到奶奶家去）。所以，成長過程中，她一直努力壓抑自己的需求，不表達自己的要求，生活得小心翼翼，生怕惹大人不高興而被拋棄。繼而在親密關係中，也重複了這個模式。

但是與壓抑相伴的往往是心理失衡。當她不斷隱忍卻沒有換來自己想要的愛時，K小姐的委屈就會忍不住爆發出來，演變成後續的「無理取鬧」，讓伴侶莫名其妙、措手不及。

透過以上三個故事，我們看到了被原生家庭的「控制型模式」所挾持和操控的人生。所謂「控制型模式」，顧名思義就是，父母（或撫養者）對子女的言行和想法施以管控，一切以符合父母（或撫養者）的意願為主，對於子女自身的意願、喜好和心理需求忽略及否認。一個孩子從小在控制型的家庭氛圍裡成長起來，他就會習慣這種控制。儘管自己已經長大，已經可以獨立了，卻仍然出於慣性繼續屈從於之前的控制，依然保留著原有的問題行為模式。

需要注意的是，原生家庭中的「控制」，很多時候都不是出於父母（或撫養者）的惡意，相反，他們的出發點往往是「為孩子好」，並且是以他們認為「對」的方式「為孩子好」。在這一點上，父母的苦心我們不難體會。然而，過度地「為孩子好」、替孩子做決定，也就侵蝕了孩子的心理邊界，剝奪了孩子自己生活的自主權。當一個人無法守衛自己的基本界線時，他就失去了自我，焦慮和痛苦也就因此產生了。

總結一下，在原生家庭中被「控制型模式」所影響的人，常常在生活中展露出以下這特點：

(1) 不敢／不能：自己知道該怎麼做，卻不敢／不能這麼做。生活得束手束腳，這不行，那不對，顧慮重重，內心糾結，心理內耗嚴重（如以上三個例子）；

(2) 懂事：習慣性討好，習慣去揣摩別人的心意，迎合別人的需求（如K小姐的例子）；

(3) 難於表達：潛意識裡常覺得自己的想法不合適、不應該或不重要，因而難於表達自己真正的想法和需求。有時甚至會反向表達自己的意思，明明在乎，卻裝作不在乎，明明想要，卻裝作不想要（如K小姐的例子）；

(4) 難於守衛邊界：在「拒絕」和「守衛自己邊界」這件事上，常有無力感和失能感（如A先生的例子）；

(5) 控制：無意識地用自己曾經歷過的控制模式去控制別人。（如M女士的例子。此外，我用媽媽曾控制我的方式去控制我的小孩，我用媽媽曾經控制爸爸的方式去控制我的伴侶，等等。）

想要緩解由此產生的焦慮，我們首先需要察覺自己與此相關的問題。以下練習將幫你回顧自己的成長歷程，找出與原生家庭「控制型模式」相關的心理創傷，之後，我們會在下一篇教你如何處理創傷。

練習

找出「控制型」原生家庭帶來的創傷

你有沒有上述所提到的「控制型」原生家庭留下的特質（或其中的部分特質）？這些特質都是如何體現在你生活中的？

•

•

•

•

•

它們可能和你原生家庭中的哪些「控制型模式」有關？你想起了哪些與之相關的創傷事件？

•

•

•

•

•

2 活成你自己

我可以

上一篇的內容裡，我們解析了原生家庭中的「控制型模式」所帶給我們的深刻影響。其中我們可以看到，有兩條關係線索出了問題。

第一，與父母（或撫養者）的心理關係：幼年便受到父母的控制，內心已養成對父母權威的畏懼及「受控」的慣性，這種畏懼和慣性在成年後依然嚴重束縛著我們；

第二，與自己的心理關係：習慣於「被控制」的心理模式，成年後即使明知自己有能力反抗，卻缺乏力量感，或不知該怎麼做，常覺得無助和失能。

接下來，我們就從這兩條關係線索入手，逐一幫助大家調整和改善，實現自我成長和緩解焦慮。

首先從「與自己的心理關係」這條線索入手，喚起我們內在的力量感，再來處理與父母的關係就會容易很多。我們將透過以下三個部分的練習來實現：修復心理創傷——走出迷惘與無助——成為你自己。

一、修復心理創傷

在上一篇的練習中，我們找到了與原生家庭「控制型模式」相關的創傷事件，請你再次回到事情發生的當時，體會自己當時的感受，完成以下練習。

（如果你回想起來很多創傷事件，可以根據以下辦法，找時間分別進行處理。）

(1) 事情發生當時太弱小，沒有能力反抗，非常無助。所幸，現在你終於長大了。

——如果現在的你穿越到當時，你會對當時那個無助的小孩（你）說些什麼？

——把這件事告訴你最信任的幾位朋友或親人，邀請他們支持你，從每個人給你的情感支持中獲取力量。

例：M女士

我的創傷事件：生病時父親一腳把我從床上踹到地上，罵我，逼我去上學。

現在的我會對當時的我（那個小學三年級的小女孩）說：

「妳沒有錯，是他錯了。他自己是軍人，可妳不是，妳只是個小孩，妳生病了就應該休息和得到照顧，這是無可指責的。有一天妳會長大，會擁有妳自己的家，過妳自己想過的生活，再也不用看他臉色過日子了。」

與閨密分享獲得支持：「你爸真是太過分了，哪有這麼對孩子的！要是我老公這麼對孩子，我肯定得跟他吵架了……」（獲得閨密的情感支持）。

與姨媽分享獲得支持：「妳真是太不容易了，孩子，姨媽懂妳的感受。我小時候我爸爸也是這樣對我的，當時我總想離家出走……」（獲得姨媽的理解和陪伴）。

☑ 練習

支持年幼的自己

我的創傷事件：

•

現在的我會對當時的我說：

與親友A分享獲得支持：

與親友B分享獲得支持：

(2) 回憶小時候原生家庭中的你，有什麼渴望是不被父母允許的？有什麼想做的是父母不讓的？現在你已經長大了，請你帶著當時的心情，去做自己曾經渴望的事，去實現自己曾經的願望（有違是非人倫的事情除外）。

做完這一切以後，對自己說：「你看，你真的長大了，現在你真的有能力給自己快樂和幸福了。」之後去體會你心裡的感受。

例：M女士

小時候最想做的事：週末睡到自然醒。不疊被子，不整理衣服，晚上看電視直到睏了才睡覺，吃飯的時候只吃自己愛吃的部分，生病了就請假休息。小時候最想要洋娃娃，最想紮紅色的蝴蝶結。

實現小時候的願望：給自己買洋娃娃和紅色蝴蝶結（都是小時候喜歡的樣式），允許自己週末睡到自然醒。允許自己不疊被子，不整理衣服，允許自己晚上看電視直到睏了才睡覺，允許自己吃飯的時候只吃自己愛吃的部分，允許自己生病了就請假休息……。

做完這一切以後，M女士對自己說：「妳看，妳真的長大了，現在的妳真的有能力給自己快樂和幸福了。」之後，M女士感覺到了前所未有的輕鬆和釋然。

☑ 練習

實現年幼時不被允許的渴望

小時候你最想做的事：

-
-

實現小時候的願望：

-
-

做完這一切以後，對自己說：「你看，你真的長大了，現在你真的有能力給自己快樂和幸福了。」

•

•

察覺你內心的感受：

•

•

二、走出迷惘與無助

請你想像，你遇見了十年後的自己：

假設十年後你活成了自己想要的樣子，你會對現在的自己說些什麼？

假設十年後你活成了自己不想要的樣子，你又會對現在的自己說些什麼？

接下來，你決定怎麼做？

例：K小姐

我們以K小姐為例，來示範一下這個練習。

假設十年後我活成了自己想要的樣子，那我應該已經有了一個溫暖的家，有愛我的先生和小孩。我會對現在的自己說：「有一天，妳會找到一個愛妳的男人，他可以接納真實的妳，在他面前妳不必偽裝、不必懂事，不必活得那麼累。但是，妳只有露出自己真實的樣子，才能找到這個男人。所以，放下偽裝做妳自己吧。」

假設十年後我活成了自己不想要的樣子，那我可能依舊沒有找到伴侶，還在分分合合中糾結痛苦。我可能會對自己說：「別總為他人著想了，不值得。妳要活得自私一點。去照顧自己的感受，去滿足自己的需求。不管有沒有人愛妳，妳都要好好愛自己。」

接下來，我決定在下一段戀情裡，改變討好的模式，真實表達自己的想法，嘗試向對方提要求，而不是被動等待對方給予。我要用自己真實的樣子，找到願意接納真實的我的伴侶。

☑ 練習

想像十年後的自己

假設十年後你活成了自己想要的樣子，你會對現在的自己說些什麼？

•

•

假設十年後你活成了自己不想要的樣子，你又會對現在的自己說些什麼？

•

•

接下來，你決定怎麼做？

三、成為你自己

正如上一篇內容所提到的，原生家庭中的「控制型模式」帶給我們的影響深刻而長遠，我們的人格特質（可以理解為「性格」）也因此呈現出相應的「被控制模式」，但這並非無法改變。長大後，我們仍擁有再成長的能力，可以習得新的行為模式，修復原有的創傷。

接下來我要教給大家的是，如何在自己身上快速建立新的行為模式，彌補原有性格中的弱點，擁有自己所需要的人格特質。這個辦法叫作「人格代入法」。

首先，選擇一個「人格樣本」（某一個特定的人）。這個人身上有著你認可的某種人格特質，你希望自己也能擁有這項特質。比如：有勇氣、不懼怕權威，敢於說不、敢於守衛自己的界線，擅於溝通、處事成熟，等等。這個「人格樣本」可以是你身邊真實存在的人，也可以是你在影視作品、書裡看到的人，只要他身上有你想要的人格特質（性格特點）就可以了。

接下來，花心思去留意和觀察你的「人格樣本」，他是如何處理你所不擅長的事情的？觀察一段時間以後，你基本瞭解了他的行為模式，然後，你就可以在特定情境下，嘗試去「代入他的人格」（想像自己成為他）幫助自己解決問題。你可以問自己：「假如我就是他，在這樣的情境下，他會用什麼語言、什麼姿態、什麼眼神面對對方？他會怎麼說，怎麼做，怎麼應對當下的局面？」然後你就照他的方式去做。經過多次演練，你就可以將「人格樣本」身上的這項特質內化到自己身上，成為自己行為模式的一部分，從而成功地擁有這項人格特質。

例：A先生

我們以A先生為例，示範一下「人格代入法」的操作方式。

A先生在公司畏懼上司，對於上司提的過分要求不敢拒絕，這一點他一直想改變。有一天，A先生發現，他們部門另一位同事C在這一點上很擅長。他不僅不怕上司，任何事情只要他認為不合理就直接拒絕，還能據理力爭地說服上司，上司也不能把他怎樣，反而在交代C同事工作時，還得哄著他、討好他。於是，A先生決定把C同事作為自己的一個「人格樣本」，希望自己能像他一樣不懼權威，守衛好自己的界線。

經過一段時間的觀察，A先生對C同事的模式大概瞭解了。在面對上司的時候，A先生心裡對自己說：「現在我就是C同事，我要用他的語氣、他的眼神、他的姿態去跟老闆說話。」當上司又叫A先生參加酒局，他就用C同事的方式，巧妙地拒絕了。就這樣，經過一個多月的演練，A先生發現，自己在主管面前越來越放鬆了，捍衛自己的界線也越來越得心應手，內心的力量感和自信感都得到了提升，甚至主管對他更尊重了。C同事的模式嫁接到了A先生身上，又經過了A先生自己的改良，已然變成了他人格的一部分。

「人格代入法」聽起來很玄，但原理其實很簡單。它就是我們人類社會學習的「模仿」過程。我們小時候也常常使用這種辦法，透過模仿成人或同伴來實現自己的人格養成和成長。而在這裡，我們只是有意篩選出特定的對象和特定的人格特質進行模仿，從而幫助我們實現自我完善。你可以根據自己需要的不同特質，選擇多個「人格樣本」進行「代入模仿」，這些習得的模式會逐漸整合到你原有的人格系統中，成為你自己的一部分。就好像電腦系統升級一樣，透過這樣的方式，你也將自己升級到了更優化、更完善的版本。

可能一開始你會覺得很難：「我做不到，我畢竟不是他。」沒關係，你要堅持觀察和學習你的「人格樣本」，繼續說服自己去嘗試「人格代入」。人的心理很神奇，當你被固有的心理慣性所挾持的時候，你會覺得違背這種慣性特別難。而只要有一次你衝破了舊的模式，它們就再也無法困住你了。新的心理模式將產生強大的慣性，替代過去的軌跡。所以，只要有一個成功的開始，你就可以一直成功下去。你需要的，只是勇敢走出這第一步。

☑ 練習

人格代入法

找一個身上有著你認可特質的對象，選擇他做為你的「人格樣本」，想像自己成為他，來幫助自己解決問題。

第二步，是「與父母（撫養者）的心理關係」。經過調整「與自己的心理關係」，我們內心的力量感得到了一定程度的恢復。接下來，我們要來處理「與父母（撫養者）的心理關係」這條線索。我們在這裡想要解決的並不僅僅是「生活中該如何與父母相處」，需要重點處理的是「父母的權威形象對於我們內心的影響，以及如何擺脫這種束縛」。

一、解構父母形象的權威，解開束縛

在成長過程中，控制型父母的權威形象會給我們帶來心理上的壓迫感，讓我們不敢遵循自己內心的想法，而被迫屈從於父母權威的控制。這種情況該如何改變呢？接下來，我就來教大家解構父母形象的權威感。

小時候，父母（或撫養者）是我們無法自行選擇的，然而，長大以後，我們卻可以選擇自己的「理想父母形象」。比如，給你關懷和支持的老師，你家隔壁慈祥的奶奶，工作中讓你敬仰的上司，保護你、照顧你的長輩……這些帶給你溫暖和給予你支持的保護型形象，會使你覺得他們身上有類似「理想父母」（即你想要的就是這種父母）的感覺，讓你想要靠近他們，尋求他們的認可、支持和保護，同時你還對他們有著深深的信任，他們的意見你也會特別重視，可以說，他們就是你的「理想父母形象」。「理想父母形象」於你而言，有著僅次於「父母形象」的心理權重。因此，我們可以依靠「理想父母形象」的支持，去解構原有父母形象的權威，減少「控制型模式」帶給我們的心理束縛。

具體做法是這樣的：

首先，選擇你的「理想父母形象」人選，把他和你的父母做對比，找出他的優越性（哪些方面是你父母比不上的）；

然後，向他講述你的困境，獲取他的支持；

最後，確認自己的想法並付出行動。每當內心再出現「父母形象」的反對時，就用「理想父母形象」去制衡它。

例：Ｍ女士

我們以Ｍ女士為例，示範一下這個過程。

Ｍ女士有一位堂兄，和她父親一樣也是軍人。堂兄比她年齡大很多，為人穩重、處事成熟，人際關係很好，對她也好，常常給她建議和指導。Ｍ女士覺得，這位堂兄就是她的「理想父親形象」。對於員工的出勤狀況，父親的觀點是，Ｍ女士必須絕對正直、堅守紀律，即便天子犯法也得與庶民同罪，這一點絕不能變通。但Ｍ女士知道，自己不能再這樣「又臭又硬」下去，不然飯碗就保不住了。於是，Ｍ女士找到堂兄，向堂兄尋求支持。與父親對比，堂兄的優越性在於，堂兄的處世圓融，而父親不擅交際。因此，M女士更加堅定地認為堂兄的建議會對自己更有幫助。

M女士向堂兄講述了自己的困境，父親的建議及自己當下的想法，她覺得自己應該「靈活執法」，依據上司的需要調整考勤方式，只要不影響工作，考勤方式就彈性一點。堂兄幫她分析了現狀，否定了父親的建議，肯定了她的想法，這替M女士帶來了很大的心理支持。M女士決定，就按自己的想法去實施。

在這個過程中有兩點需要注意。

(1) 假如你的「理想父母形象」不支持你怎麼辦？答案是：換一個或幾個「理想父母形象」繼續嘗試。

如果連續多個「理想父母形象」都沒能給你支持，很有可能出現了以下兩種問題：

第一，可能你選擇「理想父母形象」的標準出了偏差，你跟他們的關係並不是「支持型」關係，建議調整標準，重新選擇；

第二，可能你的想法真的有問題，建議綜合他們的意見重新構想。

(2)「理想父母形象」能量比較弱，給不了建議和支持怎麼辦？

沒關係，你的「理想父母形象」不一定必須是智慧強者，也可以是情感陪伴者。即使他沒有辦法給你強有力的支持，至少也可以傾聽你、理解你，讓你不再那麼孤獨和委屈，這對你也是有幫助的。

☑ 練習

選擇「理想父母形象」

尋找能給予你溫暖與支持的人，選擇一個或幾個作為你的「理想父母形象」，利用他優於父母的特質，解構父母形象的權威。

-
-
-

二、完成三個階段的成長，逐步實現界線守衛

很多父母在干涉子女的事情時，都會著重強調雙方的身分：「你就算到八十歲，你也還是我孩子，我是你爹（媽），你就得聽我的！」並透過這種方式打擊成年子女造成心理上的「降級」，把成年子女壓回「孩子」的位置去繼續控制。這樣的「高控制型」家庭模式與正常的家庭模式相比，到底有哪些不同呢？

通常來說，一個正常社會個體與原生家庭的關係需要經歷以下三個階段：

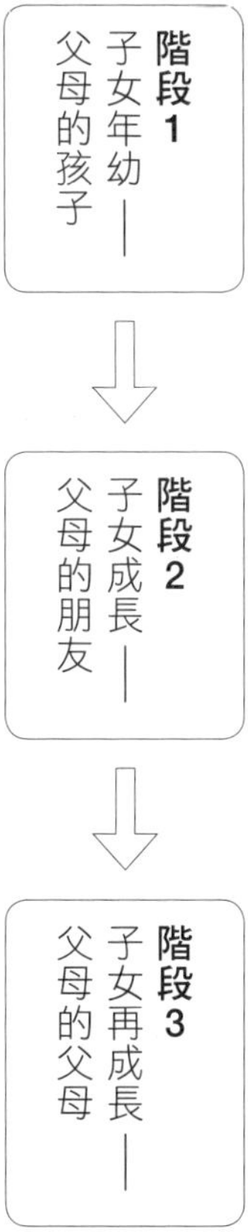

小時候，我們是父母的孩子，被父母照顧與管理。成年以後，父母退出管理者的角色，我們開始自我管理，這時候我們與父母的關係會逐漸變為成人與成人的對等關係。隨著父母老去，生活能力逐漸下降，我們會逐漸成為父母的照顧者與管理者，父母會依賴我們，就像孩子依賴父母一樣，這時候，我們就成了父母的父母。只有遵循這個規律，我們

與原生家庭的關係才會健康發展，雙方的情感才會順暢，心理上的安全感才能得到保障。

而很多控制型父母，常常在子女成年後不願放棄管理者的角色，因而壓制了子女作為一個正常成年人的身心發展。子女的成長受到阻礙，心理層面就會比同齡人晚熟，能力上也會有所欠缺。父母察覺以後更加不安，於是加倍控制，試圖代替子女解決更多困難。於是就出現了一個怪圈：子女越成長不起來，父母就越缺乏安全感；父母越缺乏安全感，就越控制子女；而越控制子女，子女就越成長不起來。這種「控制」與「被控制」的遊戲逐漸升級，父母對子女的界線侵犯就越來越多。一方面，隨著子女的社會成長和能力提升，獨立的需求越來越強烈；另一方面，隨著父母老去，逐漸淡出主流社會，原先的知識和經驗也越發陳舊，對現有社會的適應性也越來越差。於是，父母的「控制型模式」逐漸會成為整個家庭向上發展的絆腳石。

那怎樣的家庭模式父母才能安心呢？

答案是：子女成長起來了，有能力照顧自己，照顧父母，這時父母的安全感也就有了。

那子女如何成長起來呢？答案是：父母不再控制了，子女才有機會獨立，才能實現成長。因此，無論對於父母還是對於子女，改變原有的「控制型模式」勢在必行。

我們本篇的最後一個最重要的練習，它沒有具體的操作步驟，也不是你能在一兩天內完成的。你需要結合自身情況，找到自己的辦法，經過一段時間的摸索和實踐來逐漸實現——在生活中將你和父母的關係引向以上三個階段，去實現每一個階段的遞進和轉變。

相信我，不論花費多長時間，當你和父母的關係成功實現了這三個階段的轉化時，你也就擺脫了原生家庭「控制型模式」的束縛，活成了你自己。

例：A先生

以下，我們以A先生為例，示範一下他的自我成長。

之前的狀況：所處階段一、父母的孩子（不敢違背父母意願，又不願放棄感情）。嘗試逐漸擺脫控制：雖不敢與父母正面對抗，但開始「非暴力不合作」，即假裝分手，但繼續地下戀情，和女友拍結婚照，暗地準備結婚。父母催他相親，拖延和搪塞。

再成長，逐漸獨立：減少與父母分享生活細節和感受的時間，他們打電話來詢問，即回答「一切都好」，以減少父母對自己生活的干涉。不再服從父母的生活安排，當意見不一致時，A先生也會發動親朋好友「圍攻勸說」父母，讓他們別管那麼多。漸漸地，父母對他的瞭解少了，管控也少了。

A先生開始過問父母的生活，問他們每天怎麼安排生活計畫，以及父母二人的健康和情感狀況如何。開始過渡到階段二、成為父母的朋友。這一過程歷時約一年。

繼續成長：A先生開始安排和管理父母的生活，叮囑他們：家裡要收拾乾淨不能像垃圾堆，有糖尿病不能吃桃酥，不能追劇追到半夜，傷害身體，吃飯要有營養不能頓頓吃鹹菜喝粥，等等。至此，A先生與父母的關係過渡到了階段三、成為父母的父母。而這一過程，又歷時兩年。

此時的父母已不再處處控制，對於兒子的成長也感到滿意和安心。A先生也終於活成了自己想要的樣子。

☑ 練習

完成三個階段的成長

仔細思考一下，你打算如何在原生家庭中完成「做父母的孩子」↓「成為父母的朋友」↓「成為父母的父母」這三個階段，讓彼此的關係成長呢？

3 「控制型模式」的變體：軟控制

愛我就要服從我

前兩篇的內容裡，我們講了原生家庭中「控制型模式」所帶給我們的心理影響及自我調節的辦法。本篇我們要接著講原生家庭中另一種非常隱祕的控制模式。我們常常以為，「控制」應該是強硬的、粗暴的，然而，原生家庭中有一種控制模式非常獨特，甚至讓人難以覺察，但其威力卻毫不遜色，它就是「軟控制」——父母（或撫養者）用溫柔、充滿愛的方式對孩子進行控制，孩子如果不服從，就會深受內疚的折磨。很多時候，甚至孩子自己也認同了父母的控制，即使非常痛苦，也會勉強自己去實現父母的意願。

我舉兩個例子你就明白了。

我的來訪者D先生成長於一個有愛的「軟控制型」家庭。小時候，D先生家境貧寒。父親外出工作，母親獨自養育四個孩子。從小D先生就很懂事，在學校成績優秀，回到家就幫忙做家事、照顧弟妹，從不讓母親操心。母親對他讚不絕口，逢人就誇他。而一旦他沒有按母親的心意做事，母親就會掉眼淚，說自己命苦，說活著沒有意思。每當這時D先生就會很內疚，覺得自己很不孝。

長大後，母親希望他學醫，他就放棄了自己喜歡的法律方向，報考了醫學院。畢業後，母親希望他回家，他就放棄工作機會回到了家鄉。他在讀大學時有一個感情很好的女朋友，但母親不喜歡她。於是他狠心放棄了那個女孩，娶了母親為他挑選的妻子。婚後，又如母親所願早早生了兒子。但近年來，母親還想讓他生第二胎。一再催促下，他終於焦慮爆發，變得情緒化，徹夜失眠，頻繁與妻子爭吵，甚至出現了性功能障礙。

D先生說，他每晚都在反覆地想：假如自己當初沒有學醫而選擇學法律，現在過著怎樣的生活？假如當初留在都市沒回老家，現在又過著怎樣的生活？假如當初和大學女友結婚，現在的生活又會如何？……眼前的一切看起來完美無缺，卻沒有一樣是他想要的，全都是母親想要的。現在母親又想要第二胎，可他甚至每天都在想離婚，他不知道自己為什麼和一個毫無共同語言的女人生活了十年，還生了一個兒子，現在還要生第二個？他為此痛苦焦慮，不知所措。

我的來訪者C女士，她的成長經歷就像一個「別人家的孩子」。她從小到大成績優異，一直是父母的驕傲。父母對她期望很高，從重點小學重點高中，到名牌大學再到海外留學，C女士一直完美達成父母為她設定的一個又一個人生目標。博士畢業後，她任職於海外一家知名公司，一切看起來完美無瑕。但近期C女士卻突發嚴重焦慮。

C女士對我說，在外人看來，自己有著體面的職業、優秀的學歷、豐厚的收入，儼然是「人生贏家」。但事實上，自己的內心卻忐忑不安。想著父母這些年把她捧在手心裡疼愛，含辛茹苦供出一個海外名校的博士，又有了這麼好的工作，她就是父母的驕傲和希望，在外人面前她也是父母的面子，她不能讓父母失望。可漂泊異鄉卻讓C女士深感孤獨，周圍的同事都是行業精英，自己渺小得不值一提，隨時都有失業風險，每天都工作得特別努力。生活中又有沒有朋友和親密關係，常覺得孤立無援。很多次她都想回國，國內的生活一定輕鬆很多。但父母總鼓勵她繼續堅持，期望她在海外定居，未來有更好的發展。她不忍心讓父母失望，又實在堅持不下去。就這樣反覆糾結，越來越焦慮，頻繁產生心慌心悸、呼吸不暢、肢體發麻等症狀。

在D先生和C女士的故事裡，我們看到了被父母的「軟控制」所挾持的人生。大多數時候，「軟控制」型的父母是溫和講理的，他們很少去逼迫子女。他們往往會苦口婆心地跟子女交談，曉之以理、動之以情，獲得子女的理解。之後，出於對父母的愛，子女無需父母逼迫，就會主動逼迫自己完成父母的意願。因此，「軟控制」模式下受困的子女，往往難以覺察其中的「控制」，而常常生活在自我質疑和反覆自責當中，時常覺得「是我錯了吧，不該有這樣的想法，我應該聽爸媽的，他們是對的。可是，我又好渴望實現自己的想法，等等」。如此，潛意識的衝突不斷產生，焦慮也就產生了。

在「軟控制」模式的原生家庭裡長大的孩子，常常會把父母的愛和控制綁定在一起，會在潛意識裡以為，愛與控制是不可分離的。假如自己愛父母，就應該服從他們的管控，滿足他們的期待。如果不服從，就代表著對父母的背叛和辜負，而背叛和辜負是可恥的。這會帶給他們極大的自責感和內疚感，他們會把自己綁到道德的架子上不斷鞭打，直到自己服從父母的指令，內心的折磨才會停止。

「軟控制」模式在生活中隨處可見。就像你常聽到，很多媽媽會對孩子說：「你愛不愛媽媽？愛媽媽就聽媽媽的話。你要是不愛媽媽，媽媽也不愛你了，你想幹什麼就幹什麼，以後媽媽都不會管你！」這就是典型的「軟控制」模式——愛我，你就得服從我的控制，否則，我就會減少對你的愛（或者拋棄你）。

我們身上也常有「軟控制」模式的烙印——出於父母（或撫養者）的願望和期待，或者出於內心對父母（或撫養者）的迎合、討好，我們會不自覺地去做一些違背自己本意的選擇——選擇一個「好」的學校，選擇一份「好」的職業，選擇一個「合適」的伴侶，在「合適的年齡」生孩子，在某些事情上表現得「得體和大度」……太多我們認為「應該」和「對」的事情，來自原生家庭裡父母（或撫養者）的意願和控制。儘管我們潛意識裡極度不情願、非常抗拒，意識層面卻不斷告誡自己「你應該這樣」、「這樣做才是對的」，於是，焦慮就這樣產生了。

「軟控制型」的原生家庭模式，雖然不缺乏愛，但是它以愛為名侵犯孩子的界線，過度干預子女的生活和決定，也剝奪了子女對自己人生和幸福的選擇權。因此，在「軟控制型」原生家庭氛圍之下長大的孩子，往往習慣於去揣摩和順應父母（或撫養者）的心意，去滿足別人的需求，也習慣於忽略自己的需求，不太關注自己想要什麼。漸漸地，隨著年齡的增長，他們變得越來越茫然和焦慮。很多時候，他們只知道生活中的一切都不是自己想要的，卻不知道自己想要什麼。即使他們知道自己想要什麼，也顧慮重重，缺乏去爭取的動力和勇氣。

想要緩解由此產生的焦慮，我們首先需要察覺自己與此相關的問題。以下練習將幫你回顧自己的成長歷程，找出與「軟控制型」家庭氛圍相關的心理創傷，以便我們在下一個篇章中進行處理。

☑ 練習

找出「軟控制」原生家庭帶來的創傷

回顧你的原生家庭和成長歷程，你有哪些被原生家庭「軟控制」的經歷？

-
-
-
-

有哪些重要決定其實並非你本意，而是遵循父母的意願或者討好父母（或撫養者）而做出的？這麼做了以後，你快樂嗎？

結合上一題的答案思考，如果再給你一次機會，你敢不敢做出忠於自己內心的選擇？如果敢，你會怎麼說、怎麼做？如果不敢，為什麼不敢？留意你內心的感受，你顧慮的是什麼？

4 擁有你說了算的人生

不做提線木偶！

透過上一篇的學習，我們思考了自己的人生軌跡與原生家庭的控制和影響之間的關係。所幸，我們已經長大，有能力從心理層面擺脫原生家庭的掌控，擁有屬於自己的人生。那麼關鍵的問題來了——你是否知道，什麼是你想要的人生？很多時候，我們習慣了去揣摩和順應別人的心意，去滿足別人的需求，卻忽略自己的需求，不太去關注自己想要什麼，漸漸變得越來越茫然和焦慮。很多時候，我們只知道生活中的一切都不是自己想要的，卻不知道自己想要什麼。

想要擁有屬於自己的人生，首先你需要知道自己想要的生活是什麼。以下這個練習或許需要你花費幾天、幾週甚至更久才能思考出答案，但當你完成後，你也就不再迷惘和困頓，你就能做出努力去獲得自己想要的生活。

☑ 練習

什麼是你想要的生活？

請你從生活中的方方面面來思考：比如，你希望自己是什麼樣的人？什麼樣的穿著打扮、言談舉止讓你更喜歡自己？你希望自己每天的生活如何安排？什麼樣的工作讓你開心？什麼樣的運動（或興趣愛好）讓你快樂？什麼樣的朋友讓你喜歡？什麼樣的親密關係是你想要的？什麼樣的親子關係讓你更愉快？與父母怎樣相處讓你更輕鬆……

-
-
-

你打算做些什麼，幫助自己逐步獲得這樣的生活呢？

如果不知道自己想要什麼，怎麼辦？

如果想不出來什麼是自己想要的生活，或者自己想要的生活完全無法實現，怎麼辦？可以透過身邊的一些小愛好來恢復「控制感」。比如：養花養草、寫書法、織毛衣、繡十字繡、做雕刻、練瑜伽等，在小的愛好中來找到自己的價值感，以此恢復對生活與自己的控制感。這些小事雖然看起來「沒有意義」，但不要低估了這些「無意義」之事的心理意義。只有恢復了心理上的控制感，人的焦慮才能得到緩解。

此外，在上一篇的練習：「找到原生家庭中『軟控制』帶來的創傷」，第三個問題：

「如果再給你一次機會，你敢不敢做出忠於自己內心的選擇？」中（頁一四七），你有沒有發現什麼？每次當你試圖衝破禁錮、試圖遵循自己想法的時候，是什麼念頭擋在了你面前，甚至直接把你堵了回來？是的，在「軟控制型」的原生家庭裡，禁錮和束縛我們的往往是愛。我們潛意識裡認為愛與控制不可分離。假如自己愛父母，就應該服從他們的管控，滿足他們的期待，不能讓他們傷心。如果不服從，就代表著對父母的背叛和辜負。

但是，愛與控制這兩者本不是捆綁相生的。你完全可以用自己的方式去表達愛、給予愛，而不必犧牲自己的主控權去交換愛。要知道每個人都有受傷的能力，就好像你會在父母的愛裡受傷，但這並不影響你感覺到他們的愛。同樣，你對你的父母也應該有信心——他們能夠感知你的愛，他們同樣有受傷和再成長的能力！當我們和父母的界線清晰起來時，當父母懂得尊重、不再越界時，傷害也就會隨之消失，我們與父母的關係，與整個原生家庭的關係，才能得到順暢、健康的發展。

☑ 練習

遭到父母反對的情境練習

嘗試做這樣的想像：你即將做一個很重要的決定，但遭到父母的反對和勸説。

把以下這句話在心底對自己重複三遍以上：「我可以堅持自己的意願，這不是對父母的辜負和背叛。我愛他們，也相信他們能夠感知我的愛。我相信父母有受傷和再成長的能力，我相信自己有力量——活成我自己！」（你可以修改這句話，讓它更適合你）根據自己的需要，多次重複這個想像練習，你會逐漸萌生力量感，逐漸擺脱被控制和束縛的感覺，最終活成你自己！

•

•

•

第七課

走出自我否定，重建自信

✦課前提要

在前一課的內容裡，我們探討了原生家庭中的「控制型模式」對於「焦慮型人格」的影響，以及減少這些影響的辦法。接下來，在本課的內容中，我們將探討原生家庭中的「指責型模式」給我們帶來的影響，以及教給大家相應的處理辦法。

1 原生家庭的「指責型模式」及其影響

都是你不好

指責所帶來的心理挫折感，相信大家都經歷過。那麼，「指責型」的原生家庭氛圍，容易對一個人的人格造成哪些影響，繼而又易引發哪些焦慮呢？

我們先來看看以下兩個例子。

我的來訪者F先生是一名企業中的高階主管祕書，常常需要在公眾場合發言及處理各種人際關係。每次公眾演說以前，F先生都特別焦慮，他會反反覆覆地檢查自己的講稿，生怕其中有任何差錯。每次發言後，F先生又會反覆回憶剛才自己發言的過程，回顧自己的每一個動作、每一句話、每一個眼神，看看有沒有哪裡不恰當。而每次回顧他都能發現不妥之處，並為此耿耿於懷，十分挫敗。在工作當中也是如此，F先生每發出一封郵件前，都要反覆檢查許多遍。郵件發出以後，他又會反覆回想，有沒有不恰當的地方，並常常為一些不周密的地方懊惱，責怪自己。在人際關係中，F先生也謹小慎微，每每跟別人說一句話，都要掂量再三，注重別人對自己的看法，擔心自己有做得不周全的地方，擔心別人誤解自己，於是常常向別人反覆解釋。有時遇到別人不耐煩或語氣不友善，F先生就非常緊張，趕緊加倍討好，害怕得罪別人。同事請他幫忙，他既不敢拒絕又不敢答應，生怕自己拒絕會得罪對方，又怕自己答應了卻做不好，又會得罪對方，總是小心翼翼，極度焦慮。

我的來訪者O女士是一位全職媽媽，她總擔心四歲的孩子可能有問題：他為什麼上才藝班注意力不集中，是不是有注意力障礙？他走路為什麼容易摔跤，是不是小腦有問題？他最近為什麼總擠眼睛，是不是有抽動症？……為此，O女士帶孩子到處檢查，每天都在糾正孩子的「不良行為」。最近，孩子性格突然變靦腆了，見人不愛打招呼，O女士非常著急，多次糾正孩子無果後，O女士認為孩子的心理出了問題，一定是因為丈夫對孩子陪伴不夠，孩子才出現問題的。跟丈夫溝通後，丈夫也做出了很多改變，但總達不到O女士的要求，為此夫妻倆頻繁發生爭吵。丈夫認為，不管自己怎麼努力O女士都在挑剔，從不肯定自己；不管孩子怎麼表現，O女士也都覺得他有問題，從不肯定孩子。

與此同時，在外人面前，O女士則完全相反，她總無意識地討好別人，不能表達自己的想法。比如：明明看見幼兒園老師對孩子不好，她卻不敢當面提出來，還裝作開心的樣子討好老師，回到家後跟丈夫抱怨，讓丈夫去找老師理論；家裡請的阿姨做事不認真，她不好意思直接跟阿姨指出，裝作很滿意，等丈夫回家後跟丈夫抱怨，讓丈夫去批評阿姨；孩子的才藝班退費，她明知道老師多扣了錢卻裝作無所謂，回家跟丈夫抱怨，讓丈夫去投訴機構……類似的事情還有很多。O女士自己也知道這種討好毫無必要，但就是害怕衝突，似乎自己的挑剔和不滿只敢在家人面前表達，而在外人面前只能壓抑和討好。為此，O女士也常常自責，覺得自己活得很窩囊，在家一條龍，在外卻膽小怯懦，但就是難以改變。

以上F先生和O女士的故事，你是否留意到了其中的共同點？是的，F先生總覺得自己不對、不好、不妥，O女士總覺得自己的家人不對、不好、不妥，而在外人面前都表現出無意識討好的狀態。那麼，這種「向內指責、向外討好」的人格特點是如何形成的呢？說到這，我們就要從原生家庭中尋找答案了。讓我們再來看看F先生和O女士的原生家庭。

F先生的原生家庭

F先生小時候住在鄉下，父親早年外出工作，後來受了傷不能工作，就回到家中修養，換F先生的母親外出打工。在F先生的記憶中，父親脾氣暴躁，經常罵他，動不動就罵他是家裡的寄生蟲，只吃飯不幹活，連養頭豬都比他強，還說「我在工地受傷都是為了賺錢養你，都是你害的」。

F先生成績不好，父親就罵他蠢，說他浪費了家裡的錢去上學。他放學在外面玩了一會兒，回來做飯晚了，父親就罵他不要臉，成績這麼差還有臉在外面玩，天天在家白吃白喝連飯都不想做，連看門狗都不如。

F先生記得有一次，父親叫他用豬的油脂炸油渣。他從來沒有炸過油渣，不知道該怎麼做，在炸的過程中不但被濺出的油燙傷了，油渣也炸糊了。父親回來後，完全沒有顧及他的燙傷，反而當著鄰居的面大罵他蠢，炸個油渣這麼簡單的事都做不好，無用至極。

常年的指責讓F先生形成了自卑的性格，總覺得自己笨手笨腳，什麼都做不好，總擔心自己出錯會再度遭到指責，因此逐漸出現了上面提到的症狀。

O女士的原生家庭

在O女士的記憶中，從小到大媽媽一直在指責旁人。在她小時候，她印象中的媽媽總罵爸爸沒出息，說不該嫁給他。每次只要O女士犯了錯，就會被一直數落。只要爸爸從旁勸解兩句，媽媽就會轉而數落爸爸，說「養不教父之過」、「有其父必有其女，生個孩子也像他一樣沒出息。」

O女士記得有一次自己考試得了第二名，開心地把考卷拿回去給媽媽看。媽媽第一反應就懷疑她是抄的。她委屈得大哭，說自己沒抄。媽媽不以為然，反而指責她小氣：「我是妳媽，我生妳養妳，說妳幾句就不行了，考了第二名有什麼了不起，這麼得意，有本事妳考第一名啊！」後來O女士考上了很好的大學，媽媽說：「有什麼好驕傲的，上大學的人這麼多，將來也不一定都有出息。」

工作以後，O女士用第一個月的薪水給媽媽買了件衣服。媽媽看了看說：「妳水準也太低了，衣服又貴又難看。妳看妳表妹給小姨買的衣服多好看⋯⋯。」O女士一直知道，不管自己怎麼做都得不到媽媽的認可，心裡卻難以自制，總忍不住討好媽媽。

有了家庭以後，O女士發現自己的一些做法和媽媽很像，也總挑剔丈夫、挑剔孩子，對外人卻忍不住討好。O女士自己也想改變，卻似乎無法自控。

從F先生和O女士的故事裡，我們可以看到「指責型」原生家庭氛圍會給一個人的人格帶來深刻影響。所謂「指責型」原生家庭氛圍，指的是父母（或撫養者）對孩子的教養方式以指責、打擊、否定或嘲諷為主，缺乏認可和鼓勵。在「指責型」原生家庭氛圍中成長起來的人，往往性格壓抑敏感，容易自我懷疑與自我否定，內心有著深深的自卑感，常高度地自我負面關注（選擇性地關注自己的缺點、自己身上不好的事情）。他們在人際關係中，常常呈現出兩種模式：

模式一、向內指責、向外討好

對自己苛求和指責，對外人則呈現出討好之態，希望贏得他人的認可。易受他人情緒和態度的影響，即使遭遇他人打擊和貶損，也難以反擊或自我保護，甚至會繼續討好（如F先生）。有些人還會把「自己」的邊界外擴，擴大到自己的家人，表現為對自己及家人挑剔苛求，而對外人展現討好之態（如O女士）。

模式二、廣泛性指責

他們沿襲了原生家庭中的「指責型」人格特點，對外界的人和事廣泛加以指責，顯得挑剔嚴苛、言語富於攻擊性。在人群中往往較為孤獨，群體歸屬感較差。內心渴望愛，卻不知如何尋求愛。

這兩種模式相較而言，模式一向內指責、向外討好。因長期自我壓抑，心理壓力更大，焦慮程度更深。而模式二廣泛性指責，雖然人際關係受到影響，但負面情緒能夠得到宣洩，心理壓力得到一定疏解，因而焦慮程度相對低一些。

對於在「指責型」原生家庭氛圍下成長起來的人而言，這兩種模式可能單獨呈現，又可能交替並存。比如，有些人早期傾向於「向內指責、向外討好」，但會漸漸過渡到「廣泛性指責」的階段。有些人則兩種模式交替出現。根據我在臨床心理諮詢工作中的觀察，大部分成長於「指責型」原生家庭中的人，在內心力量感較強的時候，容易呈現出模式二的廣泛性指責特點，而當內心的力量感較弱的時候，容易呈現出模式一向內指責、向外討好的特點。

當然，即使都成長於「指責型」的原生家庭，我們每個人的經歷也都是不同的，所受創傷的程度也不同，因而人格層面所受到的影響也不同。所以，以上兩個模式在表現程度上也會有所差別，可能有的人典型一些，有的人則沒有這麼明顯，有的人還可能呈現出其他特點，這些都是有可能的。我們不必糾結於自己的問題模式是否嚴格符合哪一類，而應該更去關注自己內在的感受，帶著這些感受進入接下來的練習即可。

☑ 練習

找出「指責型」原生家庭帶來的創傷

你有沒有上述提到的「指責型」原生家庭留下的特質（或其中的部分特質）？它們都是如何體現在你的生活中？

•

•

它們可能和你原生家庭中的哪些「指責型模式」有關，你想起了哪些與之相關的創傷事件？

•

•

2 走出自我懷疑與自我否定，重建內在力量

我，就是最好的自己

上一篇內容裡，我們解析了原生家庭中的「指責型模式」所帶給我們的深刻影響。接下來，我們將透過練習幫助你修復與此相關的心理創傷，重建內在力量與自信。本篇我們會將重點放在「問題模式一、向內指責、向外討好」的情況。

一、修復原生家庭中的心理創傷

在上一篇練習中，我們找到了與原生家庭「指責型模式」相關的創傷事件，請你再次回到事情發生的當時，體會自己當時的感受，完成以下練習：

（如果你回想起來很多創傷事件，可以根據以下辦法，找時間分別進行處理。）

事情發生當時的你太弱小，無力反抗，只能壓抑和討好。所幸，現在你終於長大了，有能力保護自己了。

如果現在的你穿越到當時，你會對指責你的父母（或撫養者）說些什麼？你會對當時的自己說些什麼？

在你最信任的朋友或親人中，挑選出幾位會替你打抱不平的人，跟他們分享這個創傷事件，邀請他們幫助你一起指責（對抗）當時的父母（或撫養者）。

例：F先生

我的創傷事件：父親讓我炸油渣，後來當眾責罵我。

如果回到當時，我會對指責我的父親說：「你憑什麼罵我，你教過我嗎？我本來就不會炸油渣，我只是一個孩子，我已經盡力了，我還受了傷，哪有你這種爸爸？全然不顧自己孩子的安全，油渣重要還是你孩子的安全重要？這些事本來是你一個成人該做的，你卻讓一個小孩子去冒險，還好意思指責這個小孩！……」

如果回到當時，我會對自己說些什麼：「你沒有錯，作為一個孩子你已經盡力了，已經做得夠好了。你不會炸油渣，又沒有人教過你，所以油渣炸糊了是理所當然的事，這不是你的錯，更不代表著你蠢，如果換成別人，也未必會做得比你好……。」

與朋友A分享這件事，邀請朋友支持自己，幫自己一起指責當時的父親：「他要是有能耐去外邊逞威風啊，在家欺負小孩子算什麼！」

☑ 練習

支持年幼的自己

我的創傷事件：

•

•

•

如果回到當時，我會對指責我的XX說些什麼：

•

•

如果回到當時，我會對自己說些什麼：

與親友分享這件事，邀請親友支持自己，幫自己一起指責當時的ＸＸ：

指責父母會不會很不孝？

這是一個內在力量感恢復的過程。因為在創傷事件發生時，你被「指責」這種能量所「攻擊」，並且無力還擊，因此壓抑的憤怒會淤堵在你心裡形成創傷，又或者會引發你的「內攻擊」，即你認同了父母（攻擊者）的立場，內心和他們一樣指責自己，否定自己，因此陷入自責和愧疚的心理創傷中。我們的心理能量其實遵循一個樸素的經濟學原理，即「收支平衡」。你怎麼對我，我怎麼對你：你對我好，我就對你好；你對我幾分好，我就對你幾分好；你對我不好，我就對你不好。如此，心理能量達到平衡，我們的心理狀態也就平穩健康。一旦這個平衡遭到了破壞——你對我不好，我卻得對你好——這個時候，我們的心理狀態就會失衡，痛苦和焦慮也會隨之產生。

就心理學而言，如果受到了外界的「攻擊」，你需要「還擊」才能恢復心理能量的平衡，才能減輕你的創傷感，以及緩解「自我攻擊」。因此，當你可以「還擊」甚至還得到「幫手」支持的時候，你內心的力量感就會逐漸滋生，對於自我的否定和懷疑就會減少，對於他人的討好也會減少。在這個練習中，我們透過「指責」這種「攻擊性模式」幫助你回到心理創傷的當下去「還擊」，繼而恢復心理能量的平衡。

在此過程中，不用去懷疑這種方式是不是「不孝」或者「背叛父母」，這和道德無關，這只是一個心理能量上的自我療癒。就像父母會指責你但他們同時也愛你一樣，你可以「還擊」，這並不代表你背叛他們，即使反抗他們你也是深愛他們的。人與人之間的關係在本質上是愛恨並存的。你愛你的父母，但有時也恨他們；你愛你的孩子，但有時也恨他們；你愛你的伴侶，但有時也恨他（她），這些都是非常正常的。如果你否認和拒絕自己內心的「恨」，你內心的能量就會受到壓抑和扭曲，那很大程度上，你就會顯得「僵硬」，你內心的愛就難以自然流露出來。而當你接納和允許這種「愛恨並存」時，讓愛與恨的情緒都能夠自然得以表達，當你的內心不再壓抑時，你就能真正「愛」起來，內心的幸福感也會隨之滋生。

二、停止自我懷疑與自我否定，重建內在力量感

1. 選擇性積極關注，重建自信

由於在原生家庭中常年遭受指責，很容易讓我們內化這些「攻擊」而形成「自我指責」的模式，即總關注自己在生活和工作中做得不好、不對的地方，並以此為證據來自我否定、自我懷疑甚至自我攻擊。長此以往，容易形成自卑和反覆多疑的焦慮性格（如F先生的例子）。又或者，我們可能會沿襲原生家庭中的指責模式，對身邊的人加以指責和挑

剔，長此以往，影響家庭關係或人際關係（如O女士的例子）。

想要走出這種困境，最直接的辦法是把負面關注的角度逆轉過來，專注於去尋找我們在生活中、每件事當中做得好的、積極的部分，去尋找身邊人身上好的、積極的特點，並基於這些積極的素材來對自己及他人做出積極的評價。

你可以參考下面的表格，為每天的生活做一個「積極復盤」——把做得好的事情或者每件事情中做得好的部分一項一項記錄下來，把周圍人的優點也記錄下來，作為呈現給自己的「證據」，並根據這些積極內容對自己和周圍的人做出積極正面的評價。建議你將這個練習持續二十八天以上（二十八天是我們身體細胞新陳代謝的一個完整週期，也是新習慣養成的一個心理週期）。在養成這個「積極關注」的習慣後，你的自我懷疑和否認，以及由此引發的焦慮，都會得到很大的改善。

記住，在復盤的時候，只能關注那些你做得好的地方，不可以寫那些你做得不好或你不夠滿意的地方。當你察覺到自己被「負面關注」的慣性所綁架，又開始寫不好的方面時，沒關係，用筆把它們劃掉，在旁邊重新寫上你做得好的地方。多多練習，你就會逆轉「負面關注」的心理慣性，你的自信心會增強，安全感也會得到很大程度的提高。

☑ 練習

積極復盤

複盤的事情

F先生：今天在會議上的發表過程。

O女士：丈夫今天陪伴孩子的事情。

- ____________
- ____________

這件事裡，哪些地方我（或者他人）做得很好？好在哪裡？

F先生：發表的時候我的表情和語速都很自然，特別是開頭的時候，鋪陳非常好。

O女士：今天老公陪孩子玩的時間比昨天多了十分鐘，對孩子也比昨天有耐心，還給孩子做了飛機。

-
-

我如何評價自己（或他人）？

F先生：我其實挺擅長在公眾場合發言的，而且一直在進步。

O女士：對於孩子的陪伴老公也是很重視的，他也在努力做一個好爸爸。

-
-

2. 善用積極自我催眠的力量——「成功景象催眠法」

因為既往受到太多的否定和指責，我們內心是不夠自信的，因而在做很多事情之前，我們常常會先有一個自我懷疑的預設：「我能做好這件事嗎？會不會像上次一樣又搞砸了。」這時候，之前的失敗經歷和挫敗感就會被潛意識引出來，進而引起焦慮，讓我們越發緊張和不安。那麼，如何改變這種自我懷疑呢？在催眠療法裡，有一個很有效的自我催眠方法，叫作「成功景象催眠法」，即自己主動去建立一個關於成功的催眠場景，唯妙唯肖地想像每一個細節，好像自己已經成功完成了某一件事，以此暗示自己「我具備完成這件事情的能力，我將會順利完成這件事情」。

「成功景象催眠法」最初源於體育競賽中對運動員的心理訓練。教練們發現，很多運動員會在真正的比賽中因為焦慮而發揮失常，遠遠低於自己的正常水準。於是，心理教練讓運動員採用觀想的辦法提前適應比賽，就是在訓練的過程中，讓運動員想像自己在真正的比賽現場，想像現場的每一個細節，人群的歡呼喝彩，裁判的一舉一動，想像比賽現場自己的感覺，每一塊肌肉的運動，甚至是風吹過皮膚的感覺，想像自己完美的發揮，以及贏得獎牌後的感覺。經過這種訓練，運動員的心理素質得到了顯著提高，焦慮得到了極大改善，在比賽中的發揮也更穩定和出色了。

「成功景象催眠法」背後的原理是，潛意識其實無法準確分辨想像和現實。當想像成為一種習慣時，潛意識會把它識別為現實中的部分。所以，在想像中產生的自信感和控制感會延伸到現實生活中，幫助我們以良好心態面對現實。

在我們的現實生活當中，自我催眠其實每天都在發生——我們對即將發生的事會做出推斷，這件事可能如何演進，可能會有怎樣的結果，我們在心中會對此有一個預估和想像。這個想像的場景，其實就是自我催眠的場景。F先生在每次當眾演講之前都害怕自己出錯，其實是因為他在腦海中為自己建構了一個演講出錯的催眠場景，所以才會緊張焦慮。

那麼，「成功景象催眠法」具體如何操作呢？很簡單，在想像中建構一個唯妙唯肖的成功場景就可以了。把每一個細節都想像出來，例如：自己發揮自如，周圍人對自己表示肯定和認可，現場的效果讓人滿意。要把每一個瞬間的細節，全都想像出來。這個想像的過程就是你在腦海中進行的一次次預演和彩排，你的潛意識透過成功的預演不斷告訴自己，「我將會把事情完成得很好，我有能力實現這些」。於是，你會感覺到安定和自信。等到真正面臨現實中的這個場景時，這種安定和自信的感覺也會真實地遷移過來，讓你在現實中很好地發揮自己的能力。

也許你會問我，「對於自己的事情，想像成功的場景會有幫助，那麼對於別人呢？比如，我去想像我的孩子開心地上學，想像我的伴侶對我溫柔又有耐心……那我的孩子和伴侶的狀態也會發生好的改變嗎？」答案是：會的。只要你去努力想像自己希望的場景，事情就會越接近你所想要的樣子。因為，所謂現實，其實分為兩個層面：一個是客觀現實，另一個是心理現實。我們是無法真正感知客觀現實的，每個人能感受到的只是自己的心理現實。透過想像（潛意識）的練習，我們嘗試建構自己想要的場景，改變我們內心的感受和對現實的預期，進而我們的心理現實就會發生改變。舉個例子，當你的心理感受是焦慮的時候，你可能看見什麼都會焦慮。而如果你的情緒安定平穩，即使遇到真正的麻煩也不會帶給你很大的困擾，你會積極看待困難、解決問題。也就是說，即使客觀現實沒有改變，只要我們對事情的看法和感受發生了改變，心理現實也會隨之改變。因此，對於成功場景的積極想像，不管是以你自己為中心，還是以別人為中心，只要你持續去建構積極的想像場景，你所感受到的現實（心理現實）就會越來越接近你的期待。

現在就開始，對每一件即將發生的事情，去想像它最好的結果，去想像它真實地發生在你眼前的樣子。記住，只能想好的，不能想不好的，一定要想著你想要的結果，並且唯妙唯肖地把那個場景建構出來。堅持這樣做，你就會越來越有自信，內心越來越有力量，焦慮也會隨之大為緩解。

☑ 練習

自我催眠腳本

以下這個自我催眠腳本供你參考，你可以直接使用它，也可以對它的內容做出修改，或者另行創作一個更適合你的催眠腳本，在裡邊融入各種你對生活的積極想像。每天去做這樣的積極自我催眠，希望這個習慣能陪伴你終生，成為你療癒自己的「心靈法寶」。

Step 1： 請你找一個舒服的姿勢坐下來，輕輕地閉上眼睛。去調整你的呼吸，讓自己的呼吸深長而均勻，讓自己的身體舒服地放鬆下來。

Step 2： 發揮你最大的想像力，在你的腦海中，想像一個電視螢幕，螢幕裡正在播放你日常生活的場景。你起床，吃早餐，按往常的節奏生活。你知道，今天會如你想像般幸運，你將會在接下來的催眠場景中，經歷所有你所希望發生的事情。

Step 3：去想一想，你希望哪些事情發生呢，是舒服的人際關係？還是順利地工作或者愉悅的學習氛圍？還是發揮出自己最好的狀態，完美地完成某件重要的事情？還是遇見某一個你喜歡的人？和你的家人或朋友一起度過美好的時光……不論你想要的是什麼，發揮你最大的想像力，去想像這些場景真實地出現。

Step 4：這種真實的感覺會讓你覺得它們已經發生了，你不是將要擁有這些快樂、喜悅和滿足，而是已經擁有了這些快樂、喜悅和滿足。去逼真地想像每一個場景、每一個細節，甚至是與你說話的人的眼神，越真實越好，讓這種感覺真實地來到你的身上。你知道，只要它們在你的潛意識裡真切地存在過，就有助於你在現實中真正感受到它們。相信你潛意識的力量，它會把催眠狀態下你想要的一切都帶到你的現實生活中。而你需要做的只有一件事，就是在腦海中把你想要的畫面想像出來，並且堅定不移地相信它們會發生，現實就會用它們的方式回應你。

Step 5：發揮你最大的想像力，去感受這一切，去感受此刻的幸福與滿足……讓這種溫暖的療癒的感覺，在你內心自由流淌。當你感覺得到了足夠的滋養，你就可以用舒服的方式，慢慢睜開眼睛，自己清醒過來。

3 整合你內在的「指責型模式」，實現自我的成長與關係重建

我想愛你而不傷害你

上一篇內容裡，針對問題模式一、「向內指責、向外討好」，我們透過練習幫助自己提升了內心的力量感。接下來在本篇內容裡，我們將針對問題模式二、「廣泛性指責」，來進一步做出努力和調整。

一、降低指責的「破壞力」，減少心理壓力和人際傷害

成長於「指責型」原生家庭氛圍中的人，從小對「指責」的模式高度熟悉，因而也容易把「指責」的模式代入自己的生活中：一方面，容易對身邊的人挑剔、苛求、指責；另一方面，往往也不能很好地接納自己，內心總覺得自己不對、不好、不夠盡力。

常見的有這兩種指責形式。

1. 非理性的「責任歸因」以及「事後追究責任」

似乎一定要把不理想的結局和某人（或自己）的行為綁定在一起，在其背後似乎有一個堅定的假設：「如果你（或我）做得足夠好，事情就一定不會這樣，都是你（或我）的錯！你（或我）當時就應該這樣，你（或我）為什麼沒有這樣做呢？」

常見的表達有：

「孩子又感冒了。為什麼你一帶他出去玩他就感冒？我們帶都沒事。他出汗了你當時就該給他換衣服啊，你為什麼不給他換？……」

「考試又沒考好，為什麼同樣的題目還會錯？上次就錯了，你不知道嗎？你當時就應該把它背下來，為什麼沒背？……」

「這個忙我就不該幫他，我要是不幫他，就什麼事都不會有。當時我就覺得不對勁，為什麼我又答應了呢？唉，我這個死腦筋真是該死……。」

在上述這些表達裡，你可以明顯覺察出兩個特點：第一，追究責任，即都是你（或我）的錯；第二，糾結的點不在當下，而在無可補救的「當時」。這種指責方式會給他人或自己帶來極強的挫敗感和自責感，對人際關係和個體自尊的破壞性極強。

2. 不公平對比

拿指責對象（或自己）與另一個人做不公平的對比，即將指責對象（或自己）的缺點與別人的優點做比較，抬高別人，貶低指責對象（或自己）。

常見的方式有：

「你看你們班××，人家和你一樣也是男生，人家就管得住自己，每天在家讀書，從來不拖欠作業，不需要家長提醒。你看看你，每天就知道玩，以後人家考上明星高中了，你怎麼辦？你有什麼前途可言？……」

「為什麼我家寶寶總是不快樂，我真是太失敗了。××孩子的媽媽也和我一樣是全職媽媽呀，她學歷還沒我高呢，為什麼她能做得那麼好，她的孩子就那麼開心？為什麼我這麼差勁……。」

從上述的表達裡，你可以明顯感覺「不公平對比」所帶來的心理失衡。它不僅會挫傷我們的自信，還容易把當事人引入一種莫名的嫉妒情緒中，破壞人與人之間的情感和關係。

那麼，如何調整這兩種破壞性極強的指責模式，以減輕它帶給我們自己及周圍人的傷害和心理壓力呢？在指責之前，我們可以嘗試做以下四個方面的心理調整，以幫助自己改善情緒基調和心理感受。

(1) 允許自己和別人犯錯。提醒自己，我們都是凡人，每個人都會犯錯；

(2) 綜合歸因。結果的發生往往是綜合因素導致的，不僅僅是某一個人的責任，要全面看待導致結果的多個因素；

(3) 既往不咎，聚焦當下。別再糾結於當時應該怎樣，那些於事無補，應該專注於思考當下的解決辦法；

(4) 綜合對比。當你想要拿自己與他人對比時，記得要綜合對比，把雙方的優缺點各寫出五~十條，再來進行綜合對比。很快你會發現，人和人是不具有可比性的，每個人都有自己獨特的優點和缺點。

當你做完以上四個方面的思考和調整後，再向他人或自己表達「指責」，你的攻擊性和破壞力就已經卸掉了一半，這時，你和對方所受到的傷害都會大為減輕。

在這裡，我們強調的並不是去消滅「指責」這種表達方式，指責是每個人都需要具備的能力，它是一種心理上攻擊性能量的表達，是我們自我保護及內心力量感的一種體現。我們只是需要合理地表達指責，讓它成為我們衝突溝通中的有效方式，而不要成為自我傷害或者破壞人際關係的罪魁禍首。

☑ 練習

正確的指責方式

回想生活中你忍不住指責自己或親友的場景，嘗試做四個方面的調整，察覺自己的感受和最開始時有什麼不同？帶著調整後的情緒再去表達，效果又有什麼不同？

（注：如果在你的指責中沒有出現某類問題，則可以跳過。如，你沒有拿自己跟別人對比，則可以跳過「綜合對比」這個類目。以此類推。）

生活中你的指責場景

例：「孩子又感冒了。為什麼你一帶他出去玩他就感冒？我們帶都沒事。他出汗了你當時就該給他換衣服啊，你為什麼不給他換呢？……」

- ______

允許犯錯

例：人都會犯錯，老公平時照顧孩子缺之經驗，犯錯也是情理之中的事。

-
-
-

綜合歸因

例：一方面，確實爸爸沒有照顧好；但另一方面，孩子好久沒去遊樂園玩了，玩得時間太長，太累，加上昨晚沒休息好，也會容易感冒。

-
-

既往不咎，聚焦當下

例：現在孩子已經感冒了，好好地照顧孩子更重要。

•

•

綜合對比

例：閨密的老公雖然很會帶孩子，但比較沉默，沒有我老公幽默，而且……（各自列出五～十條優缺點，綜合對比。）

•

•

情緒調整後，再去表達

例：「你下次帶孩子出去細心一點，他要是出汗了記得給他換衣服……。」

二、「指責」可能是你對自己心理需求的表達，但這種表達方式需改進

成長於「指責型」原生家庭氛圍中的人，因常年受到壓制，難以正面表達自己的想法和需求，而常用指責、嘲諷或陰陽怪氣的方式來表達。

比如：

我的心理需求是「我希望你多關心我」，但我無法這樣直接地表達，我可能會說「你為什麼從來都不關心我？你看××的老公對她多好，你呢？你是怎麼對我的？」

這件事你做得讓我很暖心，但我難以直接表達「謝謝你」，我可能會說：「你今天這是吃錯藥了嗎，對我無事獻殷勤，安的什麼心啊？……」

類似的溝通模式，常常引起對方誤解。然而，成長於「指責型」原生家庭的人，因成長歷程中不被允許辯解或者辯解沒有用，往往也不擅長解釋和剖析自己，甚至在解釋的過

程中也會使用指責模式。

比如：

「你這人會不會理解別人的話啊？我明明沒有這個意思，不知道你是怎麼理解的！你要是聽不懂人話我也沒辦法，你愛怎麼想就怎麼想，隨便你！……」

我們生活中常見的「刀子嘴，豆腐心」，大概都是這樣，心裡明明是善意的，嘴上表達出來就變味了，不會好好說話。這種「指責型」的表達模式，造成了很多不必要的人際誤解和傷害，我們自己的內心也常常因此而受傷和感到孤獨。

基於上述情況，我們可以做兩件事來轉變這種「指責型」的表達方式：

1. 察覺自己內心真正的需求和想法

成長於「指責型」原生家庭氛圍中的人，對自己的內在需求和想法往往是壓抑的、不敏感的、甚至是忽略的。因此，我們需要經常自我反觀，察覺自己「我真正的心理需求是什麼？我真正想表達的意思是什麼？」

2. 用真誠直接的方式表達自己的想法和需求（好好說話）

一個人真誠直接地表達自己，最容易獲得別人的理解和接納。情感上而言，真誠直接地表達會帶來人際安全感，我們更願意與真誠的人為伴，甚至對他們的瑕疵有更高的接納度。當你想要伴侶更多的關心，請直接向他表達「你以後更多地關心我好嗎？」而不要去說別人的伴侶是如何關心他的，因為這是另一件事，跟你的需求完全無關。

當你想要向人澄清誤解時，你可以直接表達「你誤解了，我其實想表達的是另一個意思」，而不要去說他「聽不懂人話」，因為這是另一件事，事情會因此演變成另一個性質。

接下來，讓我們透過下面的練習，來幫助你進行自我覺察，以及嘗試真誠直接地表達。

☑ 練習

改變「指責型表達」

回想你的生活中，因為「指責型表達」引起誤解的人際衝突場景，嘗試覺察自己內心的需求和想法，以及調整自己的表達方式，以實現真誠直接的表達方式（好好說話）。

因為「指責型表達」引發誤解的人際衝突場景

例：提醒上高中的兒子保護眼睛，少看手機。

•

•

察覺自己內心真正的需求和想法

例：關心兒子，愛兒子。

•

•

當時你怎樣的表達引起了誤會？

例：「你就看吧，儘管看！哪天瞎了你就開心了！告訴你，我死都不會管你的！」

嘗試真誠直接的表達方式（好好說話）

例：「孩子，媽媽愛你，很擔心你的眼睛，你少看一會手機好嗎？」.

•

•

•

•

三、理性看待我們身上的「指責」模式

「廣泛性指責」可能不是你真正的問題，而是你在解決問題過程中某一個階段的問題。

成長於「指責型」原生家庭氛圍中的人，因常年受到「指責」的攻擊，內心的力量感

是弱的，因而容易呈現出討好的行為。但隨著內心力量感的恢復與提升，我們的行為模式可能會出現階段性的轉變：從原先的「討好」逐漸過渡到「指責」（從無力進行自我保護到有勇氣向外指責攻擊），經過一段時間的調整與整合，逐步實現內心的平衡，最終形成屬於自己的一套更具適應性的、新的行為模式。這個轉變的過程，就是我們人格自我成長和完善的過程。

在此過程中，我們可能會對自己及身邊人產生不適感，這是正常的，過了這個階段，當你形成了自己的整合模式以後，狀況就會好起來。在這個階段，你還可以用第六課第二篇中提到過的「人格代入法」（頁一二九～一三二）幫助自己更快整合與成長。

第八課

修復安全感，重建你的生活

✦課前提要

在前兩節課裡，我們探討了「控制型」原生家庭氛圍和「指責型」原生家庭氛圍帶給我們的影響，以及減少這些影響的辦法。接下來，在本課的內容中，我們將探討原生家庭中的「忽略型模式」給我們帶來的影響，以及教給大家相應的處理辦法。

1 原生家庭中的「忽略型模式」及其影響

不要離開我，我好怕

在原生家庭中，如果父母（或撫養者）缺少對孩子的關愛、忽略情感溝通，會對孩子的心理層面產生什麼影響呢？讓我們來看看以下這幾個來訪者的故事。

我的來訪者A小姐是個無法忍受孤獨、特別黏人的女孩。她對媽媽很依賴，每天都要打電話聊很久；對同事和閨密也很黏，在公司不管上廁所、去茶水間，還是吃飯都要拉上同事陪著，在網路上跟閨密們互動頻繁，每天都要聊天，每週都要約見面。在親密關係中，A小姐難以拒絕追求自己的人，即使不喜歡對方，也會給對方希望，努力維繫對方對自己的愛。似乎在所有的人際關係中，A小姐都希望超越普通的社交距離，更進一步貼近對方。

最近A小姐遇到了真愛，男友比她大很多，像一個「理想父親」一樣寵著她、哄著她。A小姐一邊覺得很有安全感，一邊又忍不住擔心男友離開自己，恨不得二十四小時黏著他。A小姐白天不斷給男友發短訊，對方如果回覆得比較晚或回覆簡短，她就會生氣，甚至把對方封鎖。有時男友沒能及時接聽電話，A小姐就會連續撥打。等到對方回電，A小姐就會情緒崩潰，指責對方。在親密關係中，A小姐似乎不斷循環於「討好」和「控制」兩個極端狀態：一方面隱忍討好，想贏得對方更多的愛（你說什麼我都會乖乖聽的，你千萬不要離開我）；另一方面，又常常不顧對方的處境和感受，任性索取愛（我今晚一定要見到你，你加班再晚也要來，不然你就永遠別來）。一旦需求受挫，先前的壓抑和隱忍就轉化成憤怒，A小姐會攻擊對方（我為你付出了那麼多，你這麼對我簡直就是混蛋），攻擊過後又害怕失去對方，又重複之前的討好模式（都是我不好，不該這麼任性，我以後會改的，你不要離開我）。如果討好無效，則用威脅的方式控制對方（你要是跟我分手我就自殺，我說到做到）。為此，男友不堪其擾，A小姐的親密關係陷入困境。

我的來訪者C先生，多年來一直努力做大家眼中的「好人」。在同性面前他是仗義的好哥們，寧願自己餓肚子也要借錢給兄弟；在異性面前他是知心暖男，哭的時候遞肩膀，寂寞的時候深夜陪聊。C先生記得身邊每一個朋友的生日，他會為每一個人送祝福送禮物，他渴望人人都把自己當成最好的朋友、最信賴的人。為了得到大家的愛和關注，C先生經常誇大自己的能力，在人前扮有錢、誇海口、裝大哥，裝作很能把控局面的樣子，然後在人後悄悄犧牲，為自己誇下的海口買單。比如：假裝有錢，送朋友奢侈品，但其實是用信用卡分期付款；假裝認識演唱會的工作人員，送朋友門票，但其實是自己花高價買黃牛票；假裝有能力擺平老闆，頂同事的過錯，結果導致自己被開除，等等。周圍的朋友也看出了C先生的刻意討好和「外強中乾」，但他們並不珍惜他的付出，甚至有時還會拆穿他的「吹牛」，拿之前的失敗取笑他。

常年在人際關係中處於討好的一方，讓C先生感到深深的疲憊；過度奉獻換不來自己想要的愛和關注，讓C先生很受傷。

我的來訪者K女士非常愛孩子，並為此感到十分焦慮。一方面，她特別在乎孩子的情緒和感受，生怕孩子受一點點傷，對孩子展露出極強的討好態度，非常依戀孩子。另一方面，又高度控制孩子的行為，試圖處處「幫助」孩子。比如：孩子在院子裡玩，K女士會密切注意孩子的一舉一動，「別的小孩子都在跑，你為什麼站在原地看？你也和他們去跑啊！」、「他搶了你的球，你怎麼不去搶回來？你要學會保護自己」、「那個小孩在欺負你，你看不出來嗎？走，別和他玩了！」……孩子有時不願聽K女士的話，K女士就會很焦慮，「你聽不聽話？不聽話媽媽下次再也不帶你出來了」、「媽媽生氣是因為你不乖，都是你惹媽媽生氣的」、「你如果愛媽媽就不能這麼做，你這麼做就是不愛媽媽」。如果孩子還不屈服，K女士也會試著來軟的，「媽媽傷心了／生病了，你快來哄哄媽媽吧，媽媽那麼愛你」……如此軟硬兼施，讓孩子聽話服從。有時，看到孩子傷心難過，K女士又會很自責，向孩子誠懇道歉，請求孩子的原諒。如此，在討好與控制兩個極端模式中交替循環。

近期孩子出現了抽動症，情緒崩潰的時候還會自己打自己，K女士這才意識到，自己的行為模式可能有問題。

從以上A小姐、C先生和K女士的故事中，我們不難發現三個關鍵字：依戀、討好和控制。那麼，這三個模式可能和怎樣的原生家庭氛圍有關呢？接下來讓我們看看這三位來訪者的原生家庭和成長經歷。

A小姐的原生家庭

A小姐從小父母離異，判給父親撫養。從幼兒園到小學再到中學，A小姐上的都是寄宿學校，每個月才能回家一次。因為A小姐長得像母親，父親不喜歡她，對她態度冷淡、視而不見。A小姐只能盡力討好，才能得到父親多一點點的關注。得知了A小姐的情況，老師和同學都對她更為關照，而A小姐也逐漸對老師和同學養成了討好和依賴的習慣。

高中時，父親放棄撫養權，A小姐搬去隨媽媽生活。因為多年不見，A小姐非常黏媽媽，像小孩子一樣，晚上要跟媽媽睡一張床，拉著媽媽的手，貼著媽媽睡，洗澡也要媽媽幫她洗。母女倆非常要好，無話不說。

此後，離開媽媽去上大學再到工作，A小姐一直保持著黏人的特點，從小對愛的缺乏，讓她極度渴望與人建立更深的關係，難以忍受孤獨和分離。

C先生的原生家庭

C先生從小成長於一個多子女家庭，在孩子當中排行靠後。家裡孩子多，父母又要務農養家，父母對孩子們只管一日三餐，幾乎沒有情感交流。從有記憶開始，C先生就一直跟著哥哥姊姊，哥哥姊姊都比他大，嫌棄他小，不帶他玩。在學校裡因為身材矮小，C先生也常被同學欺負和排斥，一直很孤獨。

為了得到大家的接納，C先生開始討好周圍的人：姊姊早戀了，幫姊姊送信給小男生，還陪姊姊談心；哥哥闖了禍，幫哥哥隱瞞父母，被父母打屁股也不出賣哥哥；從家中帶食物到學校，拿出來討好同學，他經常自己忍著餓……這些都只為了讓大家和他玩。除了討好，C先生還常常刻意扮醜出洋相，引得同學們哄堂大笑，以博取周圍人的關注。

在C先生的記憶中，自己從小就活得很累，要一直努力付出，才能換得別人對自己一點微薄的愛。

K女士的原生家庭

K女士小時候在外公外婆家長大。父母因為生了弟弟，無法同時撫養兩個孩子，所以把弟弟留在身邊，把K女士交給外公外婆撫養。外公外婆對她很好，直到七歲K女士被父母接回家。

原本K女士一直盼望和爸爸媽媽生活在一起，但回到家以後，事情卻和她所想的完全不同。父母有著嚴重的重男輕女，K女士幾乎淪為弟弟的保母。弟弟受傷了，父母會怪她，說她沒有照顧好弟弟；弟弟犯了錯，父母也會罵她，說她沒有管教好弟弟；弟弟成績不好，父母也會怪她，說她沒有認真教弟弟。在父母眼中，K女士似乎不是一個孩子，根本不應該有孩子的需求。晚上她因為害怕睡不著，不斷翻身，父母就會罵她，說她翻來覆去影響大家睡覺；她生病了無法去上學，父母也會罵她，說誰叫她自己穿這麼少，是嫌大人不夠累嗎？總給大人添麻煩；看到同學有漂亮的文具，她也想買，父母就說她沒良心，父母賺錢那麼辛苦，她還一心只想著花錢……K女士在成長過程中一直提心吊膽，要照顧好自己，又要照顧好弟弟，不能出任何紕漏，不能給父母添麻煩，否則父母給自己的愛就會更少。

長大以後有了自己的家庭，K女士非常希望孩子能夠快樂幸福地成長，不要重複自己童年的不幸，所以對孩子的關注總有些「用力過猛」。

從A小姐、C先生和K女士的故事中，我們可以感受到「忽略型」原生家庭氛圍所帶給一個人人格層面的深刻影響。所謂「忽略型」原生家庭指的是：在原生家庭中，父母（或撫養者）對孩子的愛、關注、依戀，以及情感支持過度缺失或嚴重不足。

其中最常見的有兩種情況：

(1) 童年與父母分離，遭遇撫養者的情感忽略。

(2) 在原生家庭中遭遇父母的情感忽略。

由於成長過程中愛的缺失，孩子嚴重缺乏安全感和控制感，成年以後，容易展現出如下人格特點：

1. 依戀需求強烈

在關係中有很強的分離焦慮，難以忍受孤獨，對陪伴需求強烈，渴望與人建立非常貼近的關係（如A小姐、C先生）。在人際交往中，常表現得「黏人」（有的偏向於黏異性，有的對同性和異性都黏）。在異性交往中，常常難以拒絕追求者，難以忍受失去別人的愛（有時會與多位異性保持曖昧，以滿足自己對愛的渴求）。

2. 強烈的不安全感，控制欲強

在關係中有強烈的不安全感，害怕失去愛，因而常展現出控制欲、占有欲。比如：在與朋友交往中，不許自己的好友再擁有其他好友。在親子關係中，只許孩子跟自己親近，不能容忍孩子跟其他撫養者親近，或對孩子的行為控制欲強（如K女士）。在親密關係中，不許伴侶跟異性朋友交往，或密切關注伴侶的一舉一動（如A小姐）……。

3. 渴望關注，討好傾向

在群體中，渴望大家的認可和關注，在乎他人的評價，試圖讓所有人滿意，試圖證明自己的價值，刻意迎合與討好他人，害怕關係破裂（如C先生）。在親密關係和家庭關係中，害怕被拋棄，害怕失去親人的愛，因而常常展現出卑微和討好的姿態（如A小姐、K女士）。

總而言之，「忽略型」原生家庭氛圍下長大的孩子，終其一生都在渴望愛、尋求愛，為了得到愛而不惜付出一切代價。他們對愛一直保持著「飢餓」和「貪婪」，似乎再多的愛都「吃不飽」，並且一直處於患得患失的忐忑狀態中，不敢相信自己真的能擁有愛，潛意識中總有一種「我不配」的感覺，即使得到了愛也總擔心自己會失去，一生都生活在不安全感之中。

與此同時，根據我在臨床心理諮詢工作中的觀察，很多成長於「忽略型」原生家庭氛圍的人，還容易出現各種焦慮性的軀體症狀（沒有明確病理原因的軀體疼痛或不適），以及因此產生疑病症狀（嚴重者會不停跑醫院，反覆做檢查）。究其背後的心理原因，其實不難理解：透過身體的不舒服，喚起家人對自己的愛和關注。這其實也是我們潛意識裡彌補「愛的渴求」的一個重要心理途徑。所以，我常常對來訪者說，也許你不是真的生病了，而是真的缺愛。

☑ 練習

找出「忽略型」原生家庭帶來的創傷

你有沒有上述提到的「忽略型」原生家庭留下的特質（或其中的部分特質）？它們都是如何體現在你生活中的？

-
-

它們可能和你在原生家庭經歷的哪些「忽略」有關呢？你想起了哪些與之相關的創傷事件？

-
-

2 修復安全感，重建你的生活

你是被愛的，睜開眼睛看看周圍

上一篇內容裡，我們解析了原生家庭中的「忽略」所帶給我們的深刻影響。接下來，我們將透過練習幫助你修復與此相關的心理創傷，重建內在力量與自信。

一、修復原生家庭中的心理創傷

在上一篇的練習中，我們找到了與原生家庭「忽略型模式」相關的創傷事件，請你再次回到事情發生的當時，體會自己當時的感受，完成以下練習。

（如果你回想起來很多創傷事件，可以根據以下辦法，找時間分別進行處理。）

事情發生當時的你太弱小，孤立無援，只能隱忍和討好。所幸，現在你終於長大了，有能力保護和照顧自己了。

如果現在的你穿越到當時，你會對當時的自己說些什麼？把這段經歷告訴愛你、理解你的人，尋求對方的共情和情感支持。

注意

「被看見」是療癒的開始，告訴對方你需要的不是評價（對與不對、好與不好），更不是教導與指責（你當時就該怎樣，或者你這樣想是不對的）。你需要的是得到他人的理解和支援。如果對方不能與你共情，請果斷放棄向他傾訴，另尋適合的人選。

例：K女士

我的創傷事件：

我小時候，夜裡一個人睡在黑暗的房間，很害怕，睡不著，但又不敢動，不敢翻身，怕父母責罵，只能拉過被子死死蒙住頭，把自己捂得滿身大汗，可還是很害怕。

如果現在的我穿越到當時，會對當時的自己說：

「沒關係，天就快亮了，妳就快長大了，長大以後妳就可以逃出這間屋子了，妳再也不會回來。」

找一個安靜的時間，把這段經歷告訴愛妳、理解妳的人：

有一天晚上，睡覺前我把這段經歷告訴了我先生。先生說：「沒事，妳已經長大了，以後再也不用一個人睡了，我會一直在妳身邊。妳要是害怕就拉著我的手……。」

透過這個練習，K女士內心的創傷得到了很大緩解，情緒也得到了平復。

☑ 練習

支持年幼的自己

我的創傷事件：

•

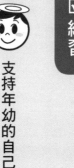

如果現在的我穿越到當時，會對當時的自己說：

找一個安靜的時間，把這段經歷告訴愛你、理解你的人：

二、見證被愛，修復人際安全感

上一節內容中我們提到，成長中愛的缺失會讓我們產生嚴重的不安全感，一方面對愛保持「飢餓」和「貪婪」（高度依戀），另一方面又不敢相信自己真的能擁有愛，潛意識中總有一種「我不配」的感覺，害怕傷害/得罪了對方，對方就會拋棄我們，因此在關係中小心翼翼、患得患失。其實，愛不是那麼脆弱的，每個人都有受挫的能力，人和人之間是有「情感存款」的，你可能會讓別人失望，但不會輕易失去他們對你的愛。你需要對人和人之間的情感多一點信任和信心，更需要看到自己的價值——你值得被愛！

以下這個練習會幫你見證自己的被愛，以幫助你恢復心理上的安全感。當你的安全感得到恢復，你的「討好」傾向和「控制」需求都會得到緩解。

回想一下，自己曾經做過什麼傷害/得罪某人（可以是一位或幾位對你而言重要的人）的事情，但之後並沒有影響你們的感情？

這個人是誰，你跟他的交情如何？（「情感存款」）

你猜，你身上有哪些特質（優點）是他認可和欣賞的，讓他即便受挫也願意繼續和你保持關係？

你曾在哪些時刻幫助或陪伴過他，或給過他怎樣的情感支持？當時如果沒有你的幫助和支持，他可能會怎樣？

你猜，對於你傷害／得罪了他這件事，他是怎麼想的，他為什麼願意繼續和你保持關係？

如果下次他也做了類似的事情、不小心傷害／得罪了你，你會繼續和他保持關係嗎？你是怎麼想的？

最後，在心底默念三遍：「愛是禁得起挫折的，我是一個值得被愛的人，我擁有的愛是安全的、真實的、持久的。」

例：A女士

自己曾經做過什麼傷害／得罪某人的事情，但之後並沒有影響你們的感情？

「我假裝自殺，要脅男友不能跟我分開，後來我們又和好了。」

這個人是誰，妳跟他的交情如何？

「是我的男友，我們很相愛。」

妳猜，妳身上有哪些特質（優點）是他認可和欣賞的，讓他即便受挫也願意繼續和妳保持關係？

「我很愛他，對他溫柔體貼，生活上處處照顧他，一日三餐都做他愛吃的食物，每天把他的衣服洗好、熨平、準備好，方便他第二天出門。我們有共同語言，常常能對談好幾個小時。」

妳曾在哪些時刻幫助或陪伴過他，或給過他怎樣的情感支持？

「在他事業最低潮的時候，我一直陪在他身邊支持他、鼓勵他，連房子都抵押了，幫他貸款，幫他度過了最困難的時期。」

當時如果沒有妳的幫助和支持，他可能會怎樣？

「如果當時我沒有幫他，他可能事業上就翻不了身了，可能從此一蹶不振。」

妳猜，對於妳傷害／得罪了他這件事，他是怎麼想的，他為什麼願意繼續和妳保持關係？

「我想，他也能理解我當時絕望的心情吧，他知道我不是故意的，我只是太想挽回他了。」

如果下次他也做了類似的事情、不小心傷害／得罪了妳，妳會繼續和他保持關係嗎？妳是怎麼想的？

「會的，我也會理解和原諒他。我相信他不會故意傷害我的，一定也是不得已……」

最後，在心底默念三遍：「愛是禁得起挫折的，我是一個值得被愛的人，我擁有的愛是安全的、真實的、持久的。」

「愛是禁得起挫折的，我是一個值得被愛的人，我擁有的愛是安全的、真實的、持久的。」（默念三遍）

經過這個練習，A小姐的不安全感得到了很大改善，內心也平和、踏實了很多。

☑ 練習

見證你與重要關係之間的情感存款

按照上述辦法，嘗試幫助自己修復人際安全感。回想一下，自己曾經做過什麼傷害／得罪某人（可以是一位或幾位對你而言重要的人）的事情，但之後並沒有影響你們的感情？

這個人是誰，你跟他的交情如何？（情感存款）

•

•

你猜，你身上有哪些特質（優點）是他認可和欣賞的，讓他即便受挫也願意繼續和你保持關係？

•

•

•

•

你曾在哪些時刻幫助或陪伴過他，或給過他怎樣的情感支持？

•

•

當時如果沒有你的幫助和支持，他可能會怎樣？

•

•

你猜，對於你傷害／得罪了他這件事，他是怎麼想的，他為什麼願意繼續和你保持關係？

•

•

如果下次他也做了類似的事情、不小心傷害／得罪了你，你會繼續和他保持關係嗎？你是怎麼想的？

•

•

最後，在心底默念三遍：「愛是禁得起挫折的，我是一個值得被愛的人，我擁有的愛是安全的、真實的、持久的。」

•

•

三、重建你的生活

以下三個步驟是需要你在生活中慢慢做出調整去實現的，是你個人成長的必經之路。當你透過努力逐漸實現它們時，你對依戀的需求就能夠得到很好的滿足，對於周圍人的「控制欲」也會大為緩解，人際關係品質也會得到改善。

1. 建立強大的社會支援系統，滿足依戀的需求

成長過程中愛的缺失，讓我們對依戀的需求特別強烈。但是，我們常常會將依戀的需求高度捆綁在身邊親近的人身上（黏某一個或某幾個人）。這就容易過度侵占身邊人的界線，給他們帶來過重的情緒負擔。那麼，該怎樣合理滿足我們對依戀的需求呢？答案是將這個需求拆解，分擔給很多人——建立一個強大的社會支援體系。

你需要有廣泛的社交，各種各樣的朋友，同性朋友和異性朋友都要有。他們不需要都是你推心置腹的人，只需要在某些方面和你契合，如有著共同的興趣愛好或者話題。這些遠近親疏各異的朋友會組成你強大的社會支援網路，當你需要的時候，可以更容易找到陪伴你、給你情感支援的人，以滿足（或者部分滿足）你對於依戀的需要。與此同時，你還可以獲得看待問題的不同視角，幫助你更靈活地處理生活中的各種問題，減輕心理壓力。

並且，在你的心理需求得到滿足的同時，你也會反饋別人寶貴的情感價值，以此擁有更高品質的社會支持和人際支持。

2. 學會情感的分化與表達

成長過程中愛的缺失，會導致我們的情感分化不完全。很多時候我們無法很好地覺察自己的情緒、情感及心理需求，只知道自己難受，卻不知道自己為什麼難受，以及自己需要什麼幫助。

這是因為在孩子的最初成長過程中，是需要父母去幫助我們進行情感分化的。最開始，孩子在難受的時候只知道自己難受，卻不知道為什麼難受，以及怎麼做才能讓自己好受一點，所以，孩子能給出的表達就是哭鬧。這個時候，父母會擔任引導者的角色，幫助孩子進行情緒和情感的分化。比如：「寶寶為什麼哭呀？是餓了嗎？是傷心了嗎？是疼了嗎？」這個時候，孩子就會漸漸學習和理解，什麼感覺是餓，什麼感覺是傷心，什麼感覺是疼。接下來父母又會告訴孩子，「如果餓了，你需要的是食物。如果傷心了，你需要的是安慰。如果疼了，你需要的是治療。」透過這樣的過程，孩子就會知道：我怎麼了，以及我需要什麼。

然而，在「忽略型」的原生家庭裡，因為父母對孩子的愛和關注都嚴重缺失，很多孩子沒有機會得到父母的幫助，無法分化自己的情緒情感。所以在社會生活中，很多時候我們對自己的痛苦是不敏感的。我們不知道自己為什麼痛苦，以及不知道該怎麼做來幫助自己緩解痛苦。於是我們像孩子一樣透過情緒發洩、無理取鬧來表達我們的痛苦，向身邊的人求助。而身邊的人也無法給我們幫助，因為我們自己都不知道自己需要什麼。並且，往往對自己的情緒和情感不敏感的人，對於他人的情緒和情感也缺乏共情能力，所以很多時候我們可能會忽略別人的痛苦，而顯得自私和任性，甚至缺乏分寸，觸碰到對方的底線。

因此，想要更準確地表達自己，想要得到別人的有效幫助，我們就需要回到最初的階段去幫助自己實現情緒、情感的分化。透過不斷地向內覺察，瞭解和揣摩自己——「我怎麼了？」「我為什麼難過？」「我要怎麼做才能讓自己好受一點？」「我需要怎樣的幫助？」……這是一個向內覺察的過程，透過這個過程，我們幫助自己再一次成長，實現情緒和情感的分化。當我們越來越瞭解自己時，我們也就可以更好地與自己相處，同時，也可以更好地表達自己的需求，讓身邊的人瞭解我們，從而獲得愛和幫助。

3. 控制感的恢復

成長過程中愛的缺失，導致安全感缺乏，而人在越不安全的時候，越需要控制感。就像我們在上一篇當中提到的K女士和A小姐，她們將控制的需求指向了孩子和伴侶，進而導致對方的界線被過度侵犯，彼此的關係出現問題。那麼，如何才能滿足我們對控制感的強烈需求呢？答案是：把控制的對象從別人的生活調整回自己的生活。

正如我們每個人只能控制自己的身體一樣，我們只能把控自己的生活而無法控制另一個人的生活。如果把控制的需求建立在別人身上，我們是注定會失望的。所以，不如把注意力從別人身上拉回到自己身上，去尋找自己的興趣、愛好，以及能夠帶給自己愉悅的生活中的小事，可以是健身跑步、跳舞、彈琴、唱歌，也可以是烹飪、刺繡、做手工、閱讀，等等，所有你願意去做的事情，都可以成為滿足你控制感的最佳選擇。當你專注於做一件小事的時候，你的控制感就會聚焦在這件事情上，而在整個過程中你就是把控者，你可以根據自己的心意調整其中的每一個細節，從而充分享受控制的樂趣，並且這件事情的完成也會帶給你巨大的成就感和滿足感。

因此，想要撤回對別人生活的侵犯，維繫舒服適度的人際界線，從現在開始，就嘗試去做一些幫助你恢復控制感的小事吧。不要小看了這些小事，當你找到它們背後的意義時，你就重建了自己的生活，甚至重建了自己的人生。

第九課——修復邊界，放下不該承受之重

✦課前提要

在前面的課程裡，我們深入探討了「控制型」、「指責型」和「忽略型」三種原生家庭問題模式帶給我們的影響，以及針對這些影響我們可以採用的自我療癒方法。接下來，本課要探討的不再是原生家庭的教養模式，而是原生家庭中的角色和邊界問題。

1 原生家庭的「角色錯位」及其影響

為什麼我活得比別人累？

通常而言，在一個健康的原生家庭裡每個人都應該在自己的角色位置上——父母是彼此的伴侶，孩子是被父母照顧與保護的對象，在多子女家庭中，孩子之間是平等互助的關係。在這個生態系統中，每個人的角色都有對應的位置。假如這個位置出現了偏差，會給我們帶來怎樣的影響呢？

以下這兩個來訪者的故事就發生在你身邊，又或者和你的情況相似，讓我們來看看他們的困擾，以及原生家庭中發生的問題。

我的來訪者T女士人稱「扶弟魔」，對弟弟百般扶持，幫弟弟還房貸、買重疾險、找工作，弟弟有了孩子，她幫姪子買衣服、請保母。弟弟花她的錢，卻不領她的情：她介紹的工作弟弟不喜歡；她買的保險弟弟總想退；房子的貸款弟弟從不過問，一副理所應當的樣子；她幫姪子買的衣服弟媳瞧不上，都送人了；她請的保母，弟弟和弟媳天天挑剔。

除此以外，T女士對父母也是百依百順：父親想換進口車，T女士明知沒必要，而且自己手上也沒那麼多錢，卻依然貸款給父親買；媽媽做手術讓T女士墊付醫藥費，說等保險報銷下來就給她，結果保費下來了，媽媽卻把錢拿去消費，花光了才告訴她；媽媽的遠房親戚結婚，父母讓T女士給親戚大紅包，讓他們有面子……T女士經常覺得，自己就是全家人的大家長和提款機，沒有人真正心疼自己。

在工作中T女士也是全包。作為團隊主管，她總是竭盡所能親力親為，整個團隊七個人的工作，她幾乎一個人就扛了一半，但底下的人卻並不感激她，一邊偷懶還一邊私下議論她，說她「把有技術含量的工作都搶走了，剩下的麻煩事才分給大家」、「總把持機會不讓年輕人成長，就想在上級面前搶風頭」。T女士覺得很累、很委屈，既然在家在外都費力不討好，為什麼還要付出那麼多呢？

我的來訪者F先生深受婆媳矛盾的困擾。自從買房結婚後，媽媽就把爸爸拋在老家，自己搬來兒子家同住，儼然一副女主人姿態。她每頓都做兒子愛吃的飯菜，在家總和兒子用家鄉話熱聊。兒媳既吃不慣他們的家鄉菜，又聽不懂他們的家鄉話，在家非常尷尬。此外，媽媽還對F先生照顧細膩，幫他擦汗、吹頭髮、洗內褲和襪子、準備次日上班的衣服，晚上還進房間幫F先生和兒媳蓋被子。兒媳感覺婆婆取代了自己的位置，自己在家裡簡直就是多餘的，因此數次吵鬧要求婆婆搬走。周圍鄰居看不下去，委婉地暗示婆婆：「妳在兒子家住這麼久，會不會不方便啊？老伴兒在家肯定也想妳了，妳不回去陪陪他呀？」婆婆理直氣壯地說：「房子是我花錢買的，這是我自己家，我住自己家天經地義。要走也是她（兒媳）走，大不了就離婚，我兒子那麼優秀，隨便再找一個都比她強。」

F先生理解妻子的感受，也數次跟媽媽溝通，但效果都不明顯。如果讓媽媽搬走，又怕會傷害媽媽。夫妻衝突越演越烈，幾乎走到了離婚邊緣。

從T女士和F先生的故事中，我們不難發現，他們的家庭角色出現了問題。T女士明明是弟弟的姊姊，卻好像弟弟的媽媽；T女士父母像不懂事的孩子，而T女士卻像溺愛孩子的父母。而F先生的角色則更為尷尬，他似乎成了媽媽的伴侶，而自己的妻子卻被邊緣化，成了關係中的第三者。

那麼，如此錯亂的角色混淆是如何產生的呢？讓我們再來看一看T女士和F先生的原生家庭。

T女士的原生家庭

T女士出生在農村，五歲開始做飯。爸爸外出打工，媽媽喜歡打牌。上小學的時候，T女士每天中午都要回來給媽媽做飯，做好飯後，得挨家挨戶去找媽媽，看她在哪家打牌，把她叫回來吃飯。有時候媽媽正在興頭上，T女士只能餓著肚子在一邊等著；有時候媽媽生氣了還會遷怒於T女士，T女士還得哄著媽媽儘快回家吃飯，因為吃完飯T女士還要洗碗，下午還要趕著去上學。

弟弟比她小七歲，幾乎就是她帶大的。只要她一放學，媽媽就把弟弟丟給她，自己出去打牌了。T女士背著弟弟做飯，背著弟弟讀書，家裡有個小攤子，她還得背著弟弟擺攤。

在父母心中，T女士似乎從來就不是個孩子，而是這個家的小家長。他們總覺得弟弟年紀小、能力弱，需要姊姊多照顧。而對於姊姊，他們竟然一直都記不清她的年齡，總覺得姊姊比弟弟大了十幾歲。在父母心裡，T女士似乎沒有什麼做不到的事，並且永遠不會有脆弱和累的時候。

F先生的原生家庭

F先生從小在媽媽的高度關注和疼愛之下長大，一直是媽媽的驕傲和希望。媽媽所有的心裡話都會跟F先生說，凡事都跟他商量。家中爸爸性格內向懦弱，幾乎沒有存在感，而媽媽強勢優秀，獨立工作，賺錢養家。爸爸在家地位低，沒有話語權，動輒被媽媽貶損。小時候媽媽就常教育F先生，長大不能跟爸爸一樣「不求上進，沒出息」。F先生也一直跟媽媽立場一致，瞧不起爸爸，經常和媽媽一起「批評」爸爸。後來爸爸婚內出軌，F先生還和媽媽一起去「捉姦」，在媽媽的授意下，F先生甚至出手打過爸爸的耳光。

長大後，媽媽把所有的愛都投注在F先生身上，拿出畢生積蓄幫兒子買房，打算下半輩子跟著兒子過。在媽媽眼中，F先生是世上最優秀的男性，普通女孩全都配不上他，F先生先前的多次戀情都在媽媽的反對下夭折，因此這次婚姻尤其來之不易。

從T女士和F先生的原生家庭歷程中，我們看到了這場「角色錯位」的「前世今生」：原來，從小時候開始，T女士就是整個家庭的「小家長」，而F先生從小就取代了爸爸，成為媽媽的「伴侶」。他們從小就承擔了那麼多原本不屬於自己的責任，以至於成年以後仍舊保持著心理慣性，默默承擔著生命中原本不該承受之重。

原生家庭中的角色錯位常有兩種情況，即孩子充當了伴侶的角色，孩子充當了父母的角色。在角色錯位的原生家庭中長大的人，在社會生活和家庭生活中容易角色混淆、對自己定位不清，常展現出如下特點。

其一，壓抑隱忍、委曲求全，過度承擔和損耗自己。背負著原本不屬於自己的責任，承受過多的壓力。（如，T女士明知自己為全家人過度付出，卻任勞任怨；F先生明知媽媽的行為欠妥，卻寧願頂著妻子的壓力，顧及媽媽的感受。）

其二，邊界不清，易被別人侵犯邊界，也易侵犯別人的邊界，因此常有人際關係的困擾。（如，T女士過度幫助弟弟，其實侵犯了弟弟的邊界，因而引發對方不滿。同理，其職場狀態也如此。）

總體看來，他們生活得費力不討好，常有過度付出後的虧空感和不公平感。

想要緩解由此產生的焦慮，我們首先需要察覺自己身上與此相關的問題。以下練習將幫你回顧自己的成長歷程，對原生家庭中的角色定位做出反思。

☑ 練習

找出原生家庭的「角色錯位」

察覺你的原生家庭，每個人的角色符合其位置嗎？你是怎樣的角色？你的感受如何？

•

•

如果你的原生家庭中也出現了角色錯位，請繼續思考以下問題：

(1) 你在其中過度承擔了哪些責任？而在你原本的位置上，你的責任本應是什麼？

•

•

(2) 在今後的生活中，你打算放下哪些本不該你承擔的責任？你打算在原生家庭裡回歸怎樣的位置？

•

•

你需要意識到一點，你在原生家庭中的歸位不僅僅是你個人的事，這意味著每一位家庭成員都需要各回各位，各司其職。你的歸位意味著整個原生家庭系統的重大調整，會促使每一位家庭成員再次成長，迫使他們承擔自己應負的責任。因此，這不是一件容易的事，需要一段時間、一個過程才能實現。你可以一邊思考一邊調整，慢慢實現。記住，原生家庭是一個完整的生態系統，只要其中的一位成員做出了改變，整個生態系統都會發生改變，哪怕只發生一點點好的改變，也會給你及整個家庭帶來積極的變化和良好的感受。

下一篇的練習將幫助你進一步覺察和思考，在家庭和社會生活中更準確地找到自己的位置，實現恰當的界線分化，減少不必要的壓力。

2 明晰邊界，放下你生命中的「不該承受之重」

學會說不！

上一篇裡，我們探討了原生家庭中的角色錯位帶給我們的困擾和影響。接下來，在本篇的練習裡，我們將幫助大家透過進一步的覺察和思考，解決生活中與之相關的問題。

一、明晰定位與邊界，不侵犯也不過度承擔

原生家庭中的定位混淆容易延伸到我們的社會生活中，導致人際關係的界線模糊。主要表現為：易被他人侵犯邊界而過度承擔，同時，也易用過度承擔的方式侵犯別人的邊界。

比如，允許朋友對自己的侵占——「我的就是你的，你的事就是我的事」——朋友借東西可以不還，借錢可以不還，找你辦事理所應當，讓你幫忙做複雜的工作可以不提供報酬等。

又比如，在工作中，同事沒有開口就主動幫忙，甚至幫他做決定，幫他工作等；在朋友交往中，對朋友的事情過度熱心，參與過多，甚至反客為主過度干涉……原本出於好心卻侵犯了他人界線，引發對方不悅，影響人際關係。

這些情況都與我們在原生家庭中的過度承擔有關，手伸得太長，管家人的事管成了習慣，被家人侵犯界線也成為習慣。因此，我們對人際界線不敏感，容易被他人侵犯邊界，也容易侵犯別人的邊界，而自己卻往往全然無知，甚至以為理所當然。

那麼，我們該如何調整這種模式呢？記住以下兩點：

1. 明確定位

在家庭、工作及人際關係中，明確自己的角色和位置，並據此定位自己的責任和義務。遵循一個原則：不在其位，不謀其政。做好自己分內的事情，少管別人分內的事情。對於別人的過度要求學會說「不」。如果你在「對人說不」這個事情上有困難，可以回過頭去多做幾遍第八課第二篇的練習（頁二〇二～二一〇）。

2. 明晰邊界

你只對自己的事情有決定權，只對自己的東西有支配權，對別人的事要遵循一個原則：不求不幫。只要對方沒有請求（或同意）你的幫助，就不要貿然幫助他。記住，任何未經邀請或允許的幫忙，都是對他人的界線侵犯。學會接納別人的拒絕，允許別人說「不」。

以下練習將幫助你重新思考自己的定位，並演練如何畫分界線。

你做過哪些費力不討好的事？你猜，對方可能是怎麼想的，為什麼不領你的情？在這件事上你的位置（角色）是什麼，而你原本應該在的位置（角色）又是什麼？試想一下，哪些環節如果你少做一點可能效果更好？下次你打算怎麼做？

例：T女士對弟弟的照顧

妳做過哪些費力不討好的事？

「幫弟弟的孩子買衣服、請保母，結果衣服弟媳瞧不上，都送人了，請的保母，弟弟和弟媳也天天挑剔。」

妳猜，對方可能是怎麼想的，為什麼不領妳的情？

「可能人家想按自己喜歡的風格來打扮孩子，找自己看得順眼的保母吧，畢竟我也不知道他們到底喜歡什麼樣的。」

在這件事上妳的位置（角色）是什麼，而妳原本應該在的位置（角色）又是什麼？

「我就像個操心的老媽子，而實際上我是姊姊，沒必要管那麼多。」

試想一下，哪些環節如果妳少做一點可能效果更好？

「我要是不幫他們買衣服，不幫他們請保母，他們也沒什麼好抱怨的，雙方都不會不舒服。」

下次妳打算怎麼做？

「幫他們買東西之前先問好，他們要，我再買。請保母讓他們自己挑，挑好了我再跟家政簽合約。或者我就乾脆不管他們，等他們需要了，來找我，我再管。」

☑ 練習

重新定位自己的角色和邊界(1)

- 你做過哪些費力不討好的事？

- 你猜，對方可能是怎麼想的，為什麼不領你的情？

- 在這件事上你的位置（角色）是什麼，而你原本應該在的位置（角色）又是什麼？

- 試想一下，哪些環節如果你少做一點可能效果更好？

下次你打算怎麼做？

察覺一下，生活中哪件（哪些）事情你在過度承擔？此事原本應該由誰（或哪些人）來承擔？在此事上你的位置（角色）是什麼，而你原本應該在的位置（角色）又是什麼？你的過度承擔給自己帶來了什麼影響？你的過度承擔給對方（應該承擔責任的這個人或這些人）帶來了什麼影響？下次你打算怎麼做？

例：T女士的職場人際困擾

生活中哪件（哪些）事情妳在過度承擔？

「我們團隊七個人的工作，我幾乎一個人就承接了一半。」

此事原本應該由誰（或哪些人）來承擔？

「應該由整個團隊的所有成員共同分擔。」

在此事上妳的位置（角色）是什麼，而妳原本應該在的位置（角色）又是什麼？

「我好像成了一個模範勞工，而我本來應該是主管，應該分配工作給大家。」

妳的過度承擔給自己帶來了什麼影響？

「搞得自己很累，還被別人誤會，他們覺得我搶風頭，壓制新人成長。」

妳的過度承擔給對方（應該承擔責任的這個人或這些人）帶來了什麼影響？

「讓他們有機會偷懶，而且確實得到的歷練少，成長得慢。」

下次妳打算怎麼做？

「把工作全都分配下去，讓團隊成員各司其職，都別偷懶，好好工作。」

☑ 練習

重新定位自己的角色和邊界(2)

察覺一下，生活中哪件（哪些）事情你在過度承擔？

-
-

此事原本應該由誰（或哪些人）來承擔？

-
-

在此事上你的位置（角色）是什麼，而你原本應該在的位置（角色）又是什麼？

•

•

你的過度承擔給自己帶來了什麼影響？

•

•

你的過度承擔給對方（應該承擔責任的這個人或這些人）帶來了什麼影響？

•

•

下次你打算怎麼做？

•

•

二、停止內疚，拒絕控制，守衛自己的邊界

上一篇中我們提到，原生家庭中的角色錯位（孩子充當了伴侶角色或父母角色）往往導致子女過度付出，承擔了本不屬於自己的責任。但令人不解的是，很多時候子女明知自己被過度索取卻無法拒絕，甚至自己主動去承擔。這是為什麼呢？原來，在這其中有一條隱形的控制線索，叫作「內疚」。父母用愛的名義綁架子女，如果子女不遵從父母的意願，內心就會對自己產生消極的道德評價（不愛父母、不孝順、沒良心），從而陷入自我攻擊的痛苦中，繼而迫使自己去服從父母。這就是原生家庭中父母對孩子的心理控制邏輯

（這一點我們在第六課第三篇的〈「控制型模式」的變體：軟控制〉中也曾提到過）。

在角色錯位的原生家庭中，這樣的表達隨處可見。比如：「之前都是你哥不對，你別跟他一般見識。你就看在爸爸媽媽的分上再幫他一次吧，算爸爸媽媽求你了！……」

「你要是心裡還有我這個媽，你就馬上跟她離婚！媽媽含辛茹苦把你養大，你卻有了媳婦忘了娘，幫著媳婦欺負你媽……你不離婚我就走，以後我死在外邊都不會讓你知道！」

「你弟弟這次惹的事，你要是不管，你媽就得管，她身體又不好，回頭氣病了還得給你添麻煩。要不還是你幫弟弟解決了吧，爸爸知道你不容易，但爸爸也沒能力管，只有靠你了……。」

以上這些表達，不論看起來是強硬還是哀求，究其原因，都有著濃濃的「控制」的味道。然而我們明知對方的要求十分過分，卻無法拒絕，好像一旦拒絕就會傷害對方，自己就會成為「不孝順、不愛父母、沒良心」的人，因此深陷內疚的深淵。

很多時候我們誤以為，順從父母就是愛父母的表現，實則不然。要知道，愛和控制是兩回事。愛是心甘情願地付出，並且在付出的過程中雙方都有心理獲益，即使你不為對方付出，也不會因此而承擔內疚和痛苦。但「控制」卻相反，它由一方的委曲求全，去成全另一方的一意孤行。你只能選擇「服從」，不管你是否開心、是否願意都必須這麼做，如果你拒絕就會遭受「內疚」的懲罰，讓自己飽受道德罪惡感的煎熬。愛帶給我們的是滋養，而控制帶給我們的卻是壓力和負擔。

那麼，如何才能擺脫這種隱形控制呢？答案是：放下內疚，勇於維護自己的邊界。在你應該在的位置（角色）上，承擔你應負的責任，用自己舒服的方式向父母表達愛。

下面的練習會幫助你實踐這件事：

父母的什麼行為或安排讓你感覺不舒服，你卻難以拒絕？

為什麼你難以拒絕，你內疚的是什麼？

復盤整件事情，自己的邊界在哪裡受到了侵犯？

告訴自己：我可以××（做些什麼來守衛自己的邊界），這並非××（不孝、沒良心、背叛父母等引發你內疚的道德評價），我依然是個××（對自己的道德要求）的人。

我應該處於的位置（角色）是什麼？

在這個位置（角色）上，我該承擔哪些責任，不該承擔哪些責任？

我如何用自己舒服的方式向父母表達愛？

例：F先生家的婆媳矛盾

父母的什麼行為或安排讓你感覺不舒服，你卻難以拒絕？

「媽媽在家一副女主人姿態，刻意排擠妻子。」

為什麼你難以拒絕，你內疚的是什麼？

「如果讓媽媽搬走她會很傷心，媽媽那麼愛我，我這樣實在是太不孝了。」

復盤整件事情，自己的邊界在哪裡受到了侵犯？

「媽媽在家庭中取代了妻子的位置，對我的婚姻確實形成了侵犯。」

告訴自己：我可以××（做些什麼來守衛自己的邊界），這並非××（不孝、沒良心、背叛父母等引發你內疚的道德評價），我依然是個××（對自己的道德要求）的人。

「我可以請媽媽搬走，請她和我的家庭保持恰當的距離，這並非不孝，我依然是個孝順的兒子。」

我應該處於的位置（角色）是什麼？

「是我妻子的丈夫，也是媽媽的兒子。」

在這個位置（角色）上，我該承擔哪些責任，不該承擔哪些責任？

「我應該經營自己的親密關係，不侵犯父母的親密關係。不該承擔爸爸的角色來為媽媽提供伴侶般的陪伴和支援，這些是爸爸的責任。」

我如何用自己舒服的方式向父母表達愛？

「我可以在家附近另租一間房子給媽媽居住，如果爸爸願意，就把爸爸也接過來，他們兩人做了半輩子夫妻還是有感情的，這樣方便媽媽和爸爸一起生活，同時他們也能常見到我……」

☑ 練習

放下內疚、擺脫控制，守衛自己的邊界

父母的什麼行為或安排讓你感覺不舒服，你卻難以拒絕？

-
-

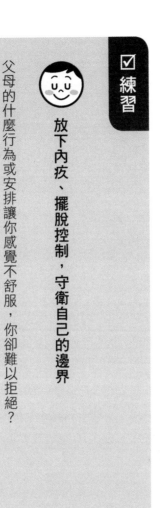

為什麼你難以拒絕，你內疚的是什麼？

•

•

復盤整件事情，自己的邊界在哪裡受到了侵犯？

•

•

告訴自己：我可以××（做些什麼來守衛自己的邊界），這並非××（不孝、沒良心、背叛父母等引發你內疚的道德評價），我依然是個××（對自己的道德要求）的人。

•

•

我應該處於的位置（角色）是什麼？

•

•

在這個位置（角色）上，我該承擔哪些責任，不該承擔哪些責任？

•

•

我如何用自己舒服的方式向父母表達愛？

•

•

透過以上調整，幫助自己放下生活中的不該承受之重，回歸你應在的位置和角色，守衛好自己的邊界，擺脫內疚和控制，實現更加輕鬆和舒展的人生狀態。

第三階段

心理內耗突圍

遠離焦慮星球，重建身心平衡

在第三階段的課程裡，我們將透過催眠與冥想的方法，幫助大家重建內心的安寧，實現身心平衡和情緒穩定。我會與大家分享十個專業治療等級的催眠冥想腳本，用於焦慮的緩解、睡眠的修復、安全感的提升、內在力量感和自信的增強，以及身心的放鬆與療癒。

建議你每天至少做一次催眠或冥想，並持續二十八天以上，把催眠和冥想變成自己的心靈保養習慣，我敢保證，這個習慣將使你受益一生。

第十課

催眠和冥想：告別混亂，回歸安寧

✦課前提要

在第一階段的學習中，我們探討了焦慮產生的深層心理根源，並針對各種原因提供方法，初步恢復控制感；第二階段探討了焦慮型人格的原生家庭問題模式，對應各種模式實現心理調整和自我成長。接下來，在本階段的學習中，我們將透過催眠與冥想的方法，幫助大家重建內心的安寧，實現身心的平衡並穩定情緒。

關於催眠

催眠是一項古老而又充滿靈氣的心理療癒技術。在古代就有很多關於催眠的記載，當時由於科學知識欠缺，人們只能借助自身和自然的力量來治療某些疾病，於是僧侶或巫師等利用念咒、祈福、神祕儀式等方法行醫治病，這是催眠治療技術的最初起源，也是催眠的神學時代。

十八世紀以後，催眠作為一項心理治療技術開始逐漸被世人關注。一八四六年蘇格蘭著名外科醫生詹姆斯・布雷德（James Braid）開始用催眠來麻醉、鎮痛。一八九五年，精神分析學鼻祖佛洛伊德出版了代表作《癔症研究》（*Studien über Hysterie*），其中詳細記載了用催眠術治療精神疾病的過程。近代以來，以美國耶魯大學醫學博士布萊恩・魏斯（Brian L.Weiss）的《前世今生》（*Many Lives, Many Masters*）等四冊書，為催眠治療類著作的代表，書中詳細記載大量案例，經由催眠治療幫助患者恢復身心健康。

其實，催眠在我們的社會生活中有著非常廣泛的用途。比如：

心理治療：各種壓力、焦慮、失眠、煩躁、憂鬱、人際關係困擾等的治療；

促進疾病康復：幫助啟動人體自身的免疫力，促使各類疾病更好康復；

潛能開發：增強記憶力和專注力，提升工作效率，增強自信和個人魅力，提升創造力與獲得靈感，情緒和壓力管理，體重管理，消除不良習慣等；

其他用途：刑事偵查（回憶案發現場），醫療（提升免疫力、促進疾病康復），教育（提升學習效率、優化教養方式），商業（催眠式銷售）。

什麼是催眠？催眠是一種深度放鬆和高度專注的狀態，它介於睡眠與清醒之間。在催眠狀態下，個體的受暗示性提高，可更有效地吸收對自己有意義的暗示，而這些暗示所產生的效應可延續到醒來後的生活當中。

催眠治療的原理又是什麼呢？簡言之就是，在催眠狀態下，被催眠者得以與潛意識溝通和連結，緩解潛意識裡的緊張和焦慮，幫助身心得到放鬆與舒展，達到身心修復的心理療癒效果。用科學解釋就是，進入催眠狀態後，被催眠者在生理功能和心理感受會發生積極的變化，腦內乙醯膽鹼（分泌越多活動越淺緩）、多巴胺（分泌越多越振奮）、疲勞素等分泌改變，影響交感、副交感神經的平衡，從而加強人身體器官的功能；同時，被催眠者對催眠暗示接受度提高，因而可改善情緒，調節壓力，增強記憶，開發自身潛能，幫助身心和諧發展，幫助身心疾病痊癒。

關於冥想

冥想與催眠類似，都是介於睡眠與清醒之間的深度放鬆和高度專注的狀態。不同之處在於，催眠往往經由催眠暗示語產生效果，而冥想則是我們跟隨自己的潛意識來完成身心療癒。透過自我放鬆和靜默冥想，來實現與潛意識的溝通，進而輔助達成身心的平和與統一。

催眠和冥想對於焦慮緩解的意義

我們都知道，焦慮和放鬆是一組相互拮抗的狀態，一個人沒有辦法既焦慮又放鬆。所以當你放鬆了，你就可以不用焦慮了。催眠和冥想都是非常好的放鬆方式。在催眠和冥想狀態下，我們會跟循自己內心的引領，讓身心都沉靜下來，進入潛意識所建構的催眠和冥想場景，就像親身走入美麗而神祕的夢境深處。在這裡，遠離現實的塵囂，沉浸於另一番美好，體會草長鶯飛的繁盛，萬物自由的喜悅，以及自己內心重歸自然的寧靜與舒緩。讓心靈得到滋養，潛意識的緊張得以調和，生命的能量得以修復。在每一次催眠和冥想之後深深放鬆，潛意識的能量都會得到平復。我們的內心會像飽含甘露的花朵，呈現出絢麗的色彩和旺盛的生命力。只要你跟隨引導，讓自己的思想專注於催眠和冥想的情境之內，你的整個身心就會跟隨引導而得到放鬆。

因此，如果你每天做半個小時的催眠，你就可以有半個小時不用焦慮。如果你做兩個小時的催眠，你就有兩個小時不用焦慮。那麼，在這些不用焦慮的時間裡，你的整個身體機能，你的內臟系統，你的內分泌系統，都可以得到休息和自我康復。同樣地，當身體放鬆了以後，也會幫助我們的心靈得到放鬆，我們原本的焦慮狀態就能得到緩解，身心也能恢復平衡。

催眠和冥想的注意事項及練習方法

1. 哪些人不適合練習催眠和冥想？

(1) 精神分裂症患者，或有精神分裂症家族遺傳史者。
(2) 理解與言語表達能力有障礙者。
(3) 腦部受到嚴重創傷、損壞者。
(4) 對催眠和冥想秉持不信任態度或有偏見者。

2. 哪些場景不適合進行催眠和冥想？

(1) 駕駛車輛時：心緒的放鬆會導致駕駛者注意力渙散，影響駕駛安全。
(2) 工作時：注意力往往處於高度集中的狀態，催眠和冥想難以發揮效果。
(3) 吵鬧或不安全的環境：會讓人難以放鬆，影響催眠和冥想的體驗。

3. 本書內的催眠和冥想腳本如何使用？

以下十個催眠和冥想腳本，可以幫助你放下內心的煩惱，疏解身體的緊張，給你一片寧靜的空間，讓心靈得以舒展，身心得以在平靜中自我療癒。

催眠和冥想對於引導者的聲音特質要求很高。只有聲音舒適，才能讓你感覺到安全和放鬆。所以，最好的方式是用自己的聲音做引導，熟悉的音質不會引起你心理上的排異。你可以自己輕聲讀出來，配以輕柔的背景音樂，錄下來，在需要的時候放給自己聽。當然了，也可以請一位你非常信任的同伴幫忙（他的聲音需要是你所喜歡的），在耳邊讀給你聽。讀的時候不要著急，語氣和節奏應輕柔而舒緩，讓你有足夠的時間對指示做出反應。

要抱著正面、樂觀、積極的心態，不用擔心、害怕，或者猜疑。這些催眠和冥想引導語都是安全的、愉悅的、健康的，你可以盡情享受身心的放鬆與療癒。

開始之前，找一個安靜且不受打擾的時段，在床上舒服地躺下來，或者靠在柔軟的沙發上，脫掉鞋子或者鬆開鞋帶，解開緊身衣物，摘下束縛你的項鍊、髮飾、手錶、眼鏡等物品，讓自己完全放鬆。確保周遭的光線和聲音是讓你舒服的，背景音樂不要太大。還有，一定記得關閉手機鈴聲，將你的注意力完完全全集中在引導者的聲音上，讓腦海中所有的畫面、感覺、聲音和想法全都自由流動，讓自己沉浸在美妙的冥想畫面中，彷彿身臨其境一般，無論那些想像是否符合現實，你感覺舒適就可以了。

鑒於每個人的催眠敏感度不同，有的人可以感受到豐富的畫面，而有的人卻無法做到。建議你抱著輕鬆隨意的心情練習，不必強求。如果你無法想像出那些美麗的畫面，不用擔心，儘可能感受放鬆和內心的平靜，當催眠和冥想結束時，你仍可以得到療癒，感受到身心愉悅和舒適。

絕大多數人會在催眠或冥想的過程中獲得輕鬆愉悅的療癒體驗。但是萬一你感受到與引導語所描述的情境不相符（或相反）的情緒，比如傷心或緊張，也許你該向心理諮商師或心理醫生尋求幫助，以解決更深層次的問題。隨著練習的增加，你對催眠的敏感度也會隨之提高，你在催眠和冥想狀態下感受到的細節會更加生動和豐富，這將帶給你更加美好的體驗，與之一致，身心療癒的效果也會不斷得到提升。

4. 哪些情況可能會影響催眠和冥想效果？

(1) 重度焦慮

當焦慮情緒過於嚴重時，我們會進入一種坐立不安的焦躁狀態，即使最輕柔的音樂聽起來也會覺得刺耳，同樣，催眠和冥想引導也會讓你覺得煩躁。這個時候，催眠和冥想已經難以讓你放鬆下來，建議你尋求專業心理諮商師的幫助，或者重新從本書的第一個階段開始學習和自我梳理，以幫助自己緩解內心的焦慮，之後再配合催眠和冥想進行進一步的自我調節。

(2) 配合意願過強

有時候，過強的配合意願也會導致你緊張。如果強迫自己去跟隨每一句引領，不允許自己走神，要求自己每一句都認認真真地聽，那樣的話，你不但無法放鬆，反而會更加緊繃。不要去要求自己放鬆，而要去允許自己放鬆。用順其自然的狀態，跟隨身體和內心的感受，不必刻意和強求，如此才能得到舒適的療癒體驗。

好了，以上就是我們在催眠之前需要瞭解的內容。接下來，讓我們一起進入美妙的催眠冥想世界。後續的十個專業治療級別的催眠冥想腳本，將幫助你實現焦慮的緩解、睡眠的修復、安全感的提升、內在力量感和自信的增強，以及身心的放鬆與療癒，你可以根據自己的實際需要和喜好進行選擇和自由搭配。

建議你在接下來的每一天，都堅持完成一次催眠或冥想的練習，如此持續二十八天以上，把自我催眠和冥想變成一個你的心靈保養習慣。

冥想1　身心放鬆冥想——能量光球的療癒

均勻地呼吸和身體的放鬆是緩解焦慮的第一步。

很多時候，我們的身體由於承受過多壓力而全身肌肉緊張，連睡覺的時候都牙關緊咬，呼吸不暢，因此，入睡和深睡變得十分困難。焦慮和放鬆是一組相互拮抗的狀態，一個人沒有辦法既焦慮又放鬆。所以，當你放鬆時，你就可以不用焦慮和緊張了。

呼吸調節和身體放鬆的冥想可以幫助我們放鬆全身的肌肉，清空頭腦的雜念，將注意力從外界的煩惱中抽離出來，指向自己的內心。讓軀體的感覺帶領頭腦，讓意識回歸身體，實現身體和心靈的和諧統一。

建議練習方式：靜心冥想（坐姿、臥姿皆可）

建議練習場景：安靜的清晨、午後或睡前

建議冥想時長：十五～二十分鐘／次

功效：平復思緒、緩解焦慮和壓力、幫助身體內分泌系統保持平衡、舒緩助眠

請你用舒服的姿勢坐下來或者躺下來，把你的注意力集中於自己的內在。去感受房間中溫暖的光線，你輕柔的呼吸聲，還有此刻，你身體放鬆的姿態，一切的一切都讓你感覺到放鬆和舒服。

請你想像你全身的肌肉開始放鬆。現在深呼吸……然後吐氣……再深呼吸一次……再吐氣……。

從現在開始，每一次的吸氣，請你想像，你吸入的都是最滋養的、純淨的氧氣。每一次的呼氣，都幫你把身體裡的渾濁和毒素排出體外。就在這一呼一吸之間，你全身的肌肉都放鬆了。每一次呼吸都讓你更舒服、更放鬆……。

去想像你的面前出現一個美麗的光球，它的樣子正是你所喜歡的，充滿了療癒的能量。等一下，光球會引導著你，深深放鬆和療癒你的身體。

光球懸浮著，慢慢來到你的頭頂，去感覺來自光球的能量療癒，你的頭頂感覺到能量和養分的注入，那樣滋養、那樣放鬆，非常非常舒服。

光球緩慢下移，來到你的面部，你的脖子和肩膀。你臉上的肌肉，脖子和肩膀的肌肉，都在深深放鬆了，非常舒服，非常輕鬆，去感受此刻，你內心的平靜與安寧……。

光球緩緩飄到你的胸前，你的手臂和雙手……你的胸部、腹部、腰部及背部的肌肉都在放鬆了……非常舒服……非常輕鬆……感覺自己深沉而平穩地呼吸，來自光球的能量和養分，不斷滋養和療癒著你……。

光球緩緩下移……來到你的大腿、膝蓋、小腿，以及你的雙腳，你完完全全地放鬆了……每一塊肌肉、每一根纖維、每一個細胞……都在全然放鬆……非常舒服，非常輕鬆……你開始進入更深、更放鬆的冥想狀態之中，讓這種放鬆的感覺來到你身體的每一個部分……完全放鬆了……。

非常舒服、非常放鬆……讓你身體放鬆的感覺引領你的內心，這一刻，你就和自己在一起……完完全全放鬆了……。

去感受這種放鬆，去感受這一刻，你和自己在一起，去感受你內心的平靜和淡淡的喜悅……那樣放鬆，那樣舒展，徹底放鬆了……。

給自己足夠的時間去享受此刻的平靜與安寧，直到你感覺得到了足夠的滋養，你就可以慢慢地睜開眼睛，慢慢清醒過來。或者，直接進入更加舒適與安寧的睡眠狀態之中。

冥想2 睡眠修復催眠——滿床清夢壓星河

你體驗過漂浮在星河裡的放鬆嗎？本次催眠療癒，我將帶你探索潛意識深處的星河祕境，幫助你放鬆身心、舒緩壓力、修復睡眠。

建議練習方式：自我催眠（你可以自己輕聲讀出來，配以輕柔的背景音樂，錄下來，重播給自己聽。也可以請一位你非常信任的同伴幫忙，他的聲音需要是你喜歡的，請他在耳邊輕柔緩慢地讀給你聽。）

建議練習場景：睡前

建議催眠引導時長：約二十～三十分鐘／次（你可能在引導還未結束時就睡著了，這種情況很正常。記得將催眠音檔設置自動關閉，或者請你的「催眠師」在你睡著後停止引導即可。）

功效：擺脫現實困擾、隔離傷害、舒緩焦慮和壓力、改善情緒、愉悅身心、睡前助眠，改善睡眠品質

請你在一個安靜舒適的環境下，躺下或坐下都可以。讓自己全然放鬆。等一下，我要請你發揮最豐富的想像力，在你的腦海中想像這樣一幅美麗的畫面：那是一片平靜的水域，非常寬闊。水面清澈透明，沒有一絲波瀾，像一面巨大的鏡子，倒映出夜晚的天空和漫天的星辰，你幾乎分不出哪裡是天，哪裡是水。有一艘美麗的小船，安安靜靜地漂浮在水面上，遠遠看過去，像是懸浮在半空中的一片美麗的樹葉，周圍有絲絲縷縷的霧氣緩緩彌漫開來，你好像在夢境中一樣，身臨其境地看著這美麗的畫面。

你發現你身上的肌肉慢慢放鬆了……臉上的肌肉也放鬆了……你的手臂、雙手、每一根手指都放鬆了……你的雙腿、雙腳和每一根腳趾都放鬆了……你的整個身體都在慢慢放鬆……非常舒服……你想要輕輕閉上眼睛，進入更舒服、更平靜、更放鬆的催眠狀態之中。

等一下，我會從一數到五，當我數到五的時候，你就會身臨其境地進入這個美麗的畫面當中，進入更深、更放鬆的催眠狀態。去感受這一切，你是安全的，我就在這輕輕保護著你。

一……你已經深深放鬆了……去感受水面的平靜，就像此刻你內心的安寧……非常非常舒服……。

二……那艘美麗的小船，輕輕漂浮在水面上，畫面看起來非常寧靜和舒適……水面映出星空，小船像一片美麗的樹葉，漂浮在茫茫的星河裡……非常舒服……不知什麼時候，你已經來到這艘美麗的小船上，在水面上安靜地漂浮著，你是安全的，我就在這輕輕保護著你。

三……越漂你就越輕鬆……越漂你就越放鬆……。

四……每一塊肌肉、每一寸皮膚、每一個細胞……都深深放鬆了……。

五……現在，你已經進入了深深的催眠狀態之中，那樣舒適、平靜和放鬆。

一陣微風吹來，小船隨著水波輕輕蕩漾，那樣輕柔、那樣舒適，你躺在小船上，漫天的星辰倒映在你的眼睛裡，你覺得自己似乎也是一顆星星，那樣安寧和自由，無拘無束。一切都是你所喜歡的樣子。去感受這一刻，你內心的平靜和前所未有的安寧。此刻，你就和自己在一起。像一顆星星，自由自在地漂浮在茫茫的宇宙裡，散發出屬於你自己的光芒。那樣明亮，那樣美麗。

去感受這一切，感受此刻的放鬆，還有你內心的平靜和淡淡的喜悅。

完完全全放鬆了……非常非常舒服……你就要睡著了……非常非常舒服……記住這一刻，記住這種感覺……。

從現在開始，每當你在床上躺下來，準備睡覺的時候，你就會想起這種舒服的感覺，你會美美地睡上一覺，讓身體得到充分的休息。當你醒來的時候，你會頭腦清醒，心情愉悅，渾身充滿了活力。

帶著這種輕鬆舒服的感覺美美地睡上一覺吧……當你醒來的時候，你就會覺得頭腦清醒，心情愉悅，渾身充滿了活力。

冥想3 放鬆減壓催眠——短時間放鬆大腦

如果你只有十分鐘，如何讓疲憊不堪的大腦快速放鬆下來？本次催眠療癒，我們可以只用十分鐘的時間，幫助你深度放鬆身心，緩解壓力，快速恢復大腦活力。

建議練習方式：自我催眠（你可以自己輕聲讀出來，配以輕柔的背景音樂，錄下來，重播給自己聽。也可以請一位你非常信任的同伴幫忙，他的聲音需要是你喜歡的，請他在耳邊輕柔緩慢地讀給你聽。）

建議練習場景：午休或工作空檔，當感覺大腦疲憊需要放鬆時

建議催眠引導時長：約十分鐘／次

功效：讓大腦得到深度放鬆與休息，舒緩壓力、改善情緒、愉悅身心

請你在一個安靜舒適的環境下，躺下或坐下都可以，輕輕閉上眼睛。讓自己全然放鬆。去調整你的呼吸，讓自己的呼吸深長而均勻。

發揮你最豐富的想像力，去想像一束特別美麗的光，光的顏色正是你所喜歡的，它就像一道彩虹，從天空當中那樣自然地灑落下來。你輕輕走過去，沐浴在這一束美麗的光線之中。

你知道這不是一束普通的光線，它充滿了療癒的力量，當你走近它，會感覺到整個人非常放鬆，非常舒服。體內所有的不安和疲憊，都被這束療癒的光線所淨化。與此同時，它還能夠讓你看穿你的身體，就好像是一個身體掃描器一樣，讓你體內的每一個器官、每一根經絡、每一根血管、每一個細胞都清晰呈現在你的眼前。你是安全的，我就在這輕輕保護著你。

把注意力放在你的頭部，療癒光線會停留在你的大腦區域，滋養和療癒你的大腦。透過光線的掃描，你的大腦呈現出清晰的透視圖，它正在精力飽滿地工作著。你可以看見，你剛剛工作所帶來的神經興奮，正集中在某一處大腦區域，大量的神經細胞聚集在這裡保持著持續興奮的狀態。當你看到這個區域時，請你在心底告訴它：「剛才的工作已經結束，現在我們可以休息了，我們可以全然放鬆下來，享受此刻的輕鬆和療癒。」讓這束神奇的療癒之光，深深滋養這個區域，帶來豐富的營養和放鬆的感覺。

在這束療癒光線的滋養下，你大腦的所有神經細胞，進入了旺盛的自我修復和新生的狀態，在療癒光線的照耀下，它們獲取神經生長所需要的養料，不斷合成優質的神經元細胞。每一個神經元都在不斷自我修復和再生，生長出優質的神經突觸，修復、優化和重建你的整個神經網路，讓它變得更加健康和強大，讓你的反應更加靈敏和迅速，注意力更加集中，記憶力重新回到最優秀的狀態。你可以輕鬆地記憶任何你需要的資訊，去感受這種快樂的、自由的、強大的、恍若新生的感覺。你的大腦進入了一種宛若新生的輕鬆舒適的狀態，前所未有地強大、靈敏。你的思緒更加敏捷，反應速度更加迅速，記憶力非凡。

去感受這份寧靜和放鬆，去感受你內心的平靜和淡淡的喜悅。

等一下，我會從五數到一，當我數到一的時候，你就會帶著輕鬆愉悅的心情從催眠狀態中清醒過來。醒來以後，你會覺得頭腦清醒，心情愉悅，渾身充滿了活力。

五……開始慢慢、慢慢清醒過來……。

四……下一次的催眠，你會進入更深、更放鬆的催眠狀態，將會感受到更多、更豐富的細節……。

三……慢慢地，你將要清醒過來了……。

二……嘗試喚醒你的身體，試著輕輕活動一下你的雙手和雙腳……。

一……帶著輕鬆愉悅的心情，完完全全清醒過來，醒來以後你會覺得頭腦清醒，心情愉悅，渾身充滿了活力。

冥想4　放鬆減壓催眠——心靈花園

你到過自己內心深處的心靈花園嗎？本次的催眠療癒，我會帶你來到潛意識深處的心靈花園，幫助你放鬆身心，緩解壓力。

建議練習方式：自我催眠（你可以自己輕聲讀出來，配以輕柔的背景音樂，錄下來，重播給自己聽。也可以請一位你非常信任的同伴幫忙，他的聲音需要是你喜歡的，請他在耳邊輕柔緩慢地讀給你聽。）

建議練習場景：午休、任何你需要靜心的時候

建議催眠引導時長：十五～三十分鐘／次

功效：舒緩壓力、平復情緒、愉悅身心

請你在一個安靜舒適的環境下，躺下或坐下都可以，輕輕閉上眼睛。讓自己完完全全放鬆，等一下，我要請你發揮最豐富的想像力，在你的腦海中想像這樣一幅美麗的畫面：那是一片桃花盛開的山谷，漫山遍野都是粉紅色的桃花。每當微風吹過，樹上的花瓣就紛紛揚揚地飄落下來，像是美麗的雪花翻飛在天地間，無邊無際……當你看見它們時，你整個人都完完全全放鬆了……好像在夢中一樣，你身臨其境地看著這美麗的畫面。

等一下，我會從一數到五，當我數到五的時候，你就會身臨其境地進入這個畫面當中，進入更深、更放鬆的催眠狀態。去感受這一切，你是安全的，我就在這輕輕保護著你。

一……深深放鬆了……非常舒服。

二……在這片寧靜的開滿桃花的山谷，你光著腳輕輕向前走過去。清晨的陽光柔和而溫暖，你的腳下踩著鬆軟的泥土、柔軟的花瓣，那樣放鬆，那樣舒服。桃花甜美的香氣若有若無地飄過來，你聽見鳥兒在林間愉快地歌唱，一切的一切都是你所喜歡的……去感受這一刻……非常放鬆……。

三……四……去感受這一刻，你內心的平靜和淡淡的喜悅……每一塊肌肉、每一寸皮膚、每一個細胞……都在深深放鬆……。

五……現在，你已經進入了深深的催眠狀態之中，那樣舒適、平靜和放鬆。

你逐漸意識到，原來，這一片美麗的桃花山谷，就是你內心深處的心靈花園。它只屬於你一個人，在這裡，你是那樣安全，可以得到整個身心的放鬆和療癒。你在花園中輕輕漫步著，清晨陽光籠罩著微微的霧氣，一切都美得好像童話中的世界。你伸出手，接住一朵輕輕落下的桃花，讓它落在你的掌心裡，清涼而柔軟。你仔細看著它，發現這朵花似乎有些特別，它的花瓣是愛心的形狀。原來，這不是一朵普通的桃花，而是生長在你內心深處的心靈之花。此刻它落在你的掌心裡，好像水晶一般晶瑩剔透，讓你感到愉悅而放鬆。

你在鋪滿花瓣的草地上放鬆地躺下來，沐浴在清晨溫暖的陽光下，一切都是你所喜歡的樣子。盡情感受此刻的自由與放鬆，外界的紛紛擾擾都與你無關，此刻，你就和自己在一起，在你的心靈花園裡，得到深深的放鬆和滋養。

我會給你十五秒的時間去感受這份寧靜和放鬆，去感受你內心的平靜和淡淡的喜悅。

等一下，我會從五數到一，當我數到一的時候，你就會帶著輕鬆愉悅的心情從催眠狀態中清醒過來。醒來以後，你會覺得頭腦清醒，心情愉悅，渾身充滿了活力。

五……開始慢慢、慢慢清醒過來……。

四……下一次的催眠，你會進入更深、更放鬆的催眠狀態，將會感受到更多、更豐富的細節……。

三……慢慢地，你將要清醒過來了……。

二……嘗試喚醒你的身體，試著輕輕活動一下你的雙手和雙腳……。

一……帶著輕鬆愉悅的心情，完完全全清醒過來，醒來以後你會覺得頭腦清醒，心情愉悅，渾身充滿了活力。

冥想5 安全感修復催眠——與內在小孩和解

你見過自己內心深處的內在小孩嗎？你知道，他一直渴望與你和解，被你接納和被愛嗎？今天的催眠療癒，我會引導你探索潛意識深處的內在小孩，幫助你與自己和解，學會接納和關愛自己。

建議練習方式：自我催眠（你可以自己輕聲讀出來，配以輕柔的背景音樂，錄下來，重播給自己聽。也可以請一位你非常信任的同伴幫忙，他的聲音需要是你喜歡的，請他在耳邊輕柔緩慢地讀給你聽。）

建議練習場景：你需要傾吐負面情緒、需要情感支援的時候

建議催眠引導時長：二十～三十分鐘／次

功效：疏解壓力、平復情緒、修復安全感、提升內在力量感

讓自己完完全全放鬆，用最舒服的方式去呼吸……去想像每一次的吸氣，你吸入的都是最純淨、最滋養的氧氣。而每一次的呼氣，都幫助你把身體裡的毒素排出體外。在這一呼一吸之間，你整個人都放鬆了。非常舒服，非常放鬆……去感覺此刻的舒適和寧靜。等一下，我要請你發揮你最豐富的想像力。

去想像，你正漫步在一個美麗的心靈花園裡。這是一座獨特的花園，它坐落於你內心最溫暖、安全的角落，只屬於你一個人，在這裡，你是那樣安全，不被打擾，可以得到整個身心的放鬆。你在花園中輕輕漫步，花大片地開放著，微風迎面吹來，一切都是你喜歡的樣子。

你抬眼望去，發現離你不遠的地方，有一個非常可愛的小孩，他的樣子和小時候的你一模一樣。原來，他就是你心靈深處的內在小孩。你走到他的面前，發現他天真的眼睛裡有閃閃淚光，讓你非常心疼。

你蹲下來，試圖安慰他。他的眼淚落在你的手心裡。他向你訴說著，從小到大他的委屈和不易，他的艱辛和努力，他曾被誤解、被辜負、被忽略的孤獨……你要努力去體會他的感受，用你的方式去安慰他、開解他，給他溫暖和保護。去告訴他，在未來你會努力照顧好他、保護好他，不會再對他苛責，不再讓他孤獨和受傷。

小孩安靜地聽著你的話，他眼中的憂傷漸漸褪去，眼神又恢復了天真和明亮，笑容也出現在他的臉上。你的心也漸漸放鬆下來，整個人變得平靜和安寧，內心充滿了溫暖和力量。

你張開雙臂，把小孩緊緊擁在懷裡。小孩的身體越發輕盈和柔軟，漸漸變成一束美麗的星光，最終融入你的心臟。讓這種溫暖的、幸福的感覺，在你的心底深深地流淌，久久縈繞在你的心間。記住這個美麗的內在小孩，從現在開始，你會更加寬容自己，照顧和保護自己，履行你對內在小孩的諾言。

去感受這份寧靜和放鬆，去感受你內心的平靜和淡淡的喜悅。

等一下，我會從五數到一，當我數到一的時候，你就會帶著輕鬆愉悅的心情從催眠狀態中清醒過來。醒來以後，你會覺得頭腦清醒，心情愉悅，渾身充滿了活力。

五……開始慢慢、慢慢清醒過來……。

四……下一次的催眠，你會進入更深、更放鬆的催眠狀態，將會感受到更多、更豐富的細節……。

三……慢慢地，你將要清醒過來了……。

二……嘗試喚醒你的身體，試著輕輕活動一下你的雙手和雙腳……。

一……帶著輕鬆愉悅的心情，完完全全清醒過來，醒來以後你會覺得頭腦清醒，心情愉悅，渾身充滿了活力。

冥想6　安全感修復催眠——守護天使

你見過自己內心的守護天使嗎？你知道，祂一直在潛意識深處守護著你嗎？本次的催眠療癒，我會引導你探索潛意識深處的守護天使，舒緩壓力，釋放負面情緒。

建議練習方式：自我催眠（你可以自己輕聲讀出來，配以輕柔的背景音樂，錄下來，重播給自己聽。也可以請一位你非常信任的同伴幫忙，他的聲音需要是你喜歡的，請他在耳邊輕柔緩慢地讀給你聽。）

建議練習場景：你需要傾吐負面情緒、需要情感支援的時候

建議催眠引導時長：二十～三十分鐘／次

功效：疏解壓力、平復情緒、修復安全感、提升內在力量感

讓自己完完全全地放鬆，用最舒服的方式去呼吸……去想像每一次的吸氣，你吸入的都是最純淨、最滋養的氧氣。而每一次的呼氣，都幫助你把身體裡的毒素排出體外。在這一呼一吸之間，你整個人都放鬆了。非常舒服，非常放鬆……去感覺此刻的舒適和寧靜。等一下，我要請你發揮你最豐富的想像力。

去想像，你正漫步在一個美麗的心靈花園裡。這是一座獨特的花園，它坐落於你內心最溫暖、安全的角落，只屬於你一個人，在這裡，你是那樣安全，不被打擾，可以得到整個身心的放鬆和療癒。你在花園中輕輕漫步，花朵大片地開放著，一切都是你喜歡的樣子。

你抬眼望去，發現離你不遠的地方，有一個長著翅膀的精靈，他的樣子正是你所喜歡的。原來，他就是你內心的守護天使。他走到你面前，眼神天真清澈，好像融化了一抹天空的蔚藍在裡面。

守護天使伸出手，輕輕撫摸你的臉頰。他的眼睛可以看穿你所有的心事。你專注地看著他，在內心向他默默傾訴。這些年來，生活的不易，你的努力和艱辛，所有你曾被誤解、被辜負、被忽略的委屈……在你的內心向他傾訴，把這些全都告訴他。

天使安靜地聽著，他的眼神那樣純淨，有著神奇的力量，能夠安撫你的情緒，化解你的憂傷。當你傾訴完時，你心裡那種沉重的感覺消失了，漸漸放鬆下來，整顆心都變得安定和平靜。

天使對你微笑，再次伸手撫摸著你的臉頰。你看著他的笑容，感覺到溫暖和幸福。請你再一次向他傾訴，這些年來，你遇到的溫暖的人和事，那些帶給你希望和勇氣的力量。你所擁有的幸福，你取得的成就，你的快樂和滿足……把這些溫暖和幸福的時刻，全都與他分享。

天使張開翅膀，把你緊緊擁在懷裡。你感覺到，天使的身體越發輕盈和柔軟，漸漸變成一道美麗的光線，最終融入你的心臟。讓這種溫暖的、幸福的感覺，在你的心底深深地流淌，久久縈繞在你的心間。請你記住這個美麗的守護天使，以後當你需要的時候，就可以隨時在你的內心找到他，再一次感受到這種幸福與療癒。

去感受這份寧靜和放鬆，去感受你內心的平靜和淡淡的喜悅。

等一下，我會從五數到一，當我數到一的時候，你就會帶著輕鬆愉悅的心情從催眠狀態中清醒過來。醒來以後，你會覺得頭腦清醒，心情愉悅，渾身充滿了活力。

五……開始慢慢、慢慢清醒過來……。

四……下一次的催眠，你會進入更深、更放鬆的催眠狀態，將會感受到更多、更豐富的細節……。

三……慢慢地，你將要清醒過來了……。
二……嘗試喚醒你的身體，試著輕輕活動一下你的雙手和雙腳……。
一……帶著輕鬆愉悅的心情，完完全全清醒過來，醒來以後你會覺得頭腦清醒，心情愉悅，渾身充滿了活力。

冥想7　內在力量感提升催眠——生命之樹

你是否經常在生活中感覺到迷惘和無助？本次催眠療癒會幫助你放鬆身心，緩解壓力，提升內心的力量感。

建議練習方式：自我催眠（你可以自己輕聲讀出來，配以輕柔的背景音樂，錄下來，重播給自己聽。也可以請一位你非常信任的同伴幫忙，他的聲音需要是你喜歡的，請他在耳邊輕柔緩慢地讀給你聽。）

建議練習場景：午休或工作空檔，當感覺大腦疲憊需要放鬆時

建議催眠引導時長：十五〜二十分鐘／次

功效：舒緩壓力、改善情緒、愉悅身心，提升內在力量感

等一下我要請你發揮最豐富的想像力，在你的腦中想像這樣一幅畫面。那是一片非常美麗的森林，樹木生長得茂密而繁盛，鬱鬱蔥蔥。清晨的陽光透過枝葉的縫隙傾灑下來，在地上投下斑駁的金色光影，伴隨著清晨的霧氣，帶給你一種朦朧而愉悅的感覺。你就在這片美麗的森林中漫步，你是安全的，我就在這輕輕保護著你。你看見野花就在你身邊不遠的地方自由地綻放，鳥兒拍打著翅膀在林間快樂地穿來穿去。當你看到它們時，你整個人都在放鬆了。去感覺此刻你內心的平靜和淡淡的喜悅，你就和自己在一起。你慢慢向前走著，來到了美麗的山崖上。金色的陽光照耀著崖頂的岩石和茂密的樹木，微風吹來，翻起層層波浪。你看著這些樹木，它們在天地間自由、堅韌、蓬勃地生長，你的心中充滿了嚮往和渴望。

此刻，發揮你最豐富的想像力，去感受自己和它們一樣，成為一棵旺盛生長的樹木。腳踩著堅實的大地，根鬚扎向土壤深處，從大地母親的懷抱中汲取養分和智慧。沐浴著自然界的陽光雨露，與日月星辰為伴，每日努力精進，奮力向上生長，把枝葉散向四方。在風雨中，為嬌嫩的花草、為弱小的動物，撐起一方避風的港灣，像一把溫柔的大傘，守護四方的生靈。去體會這些感覺，感受來自你生命深處的力量感和安全感。你知道，這棵大樹就是你內心深處的精神力量，它是那樣的堅韌、強大、充滿了旺盛的生命力和愛的力量。它就是你內心真實的樣子。去感受這一切，感受此刻你內心的平靜和淡淡的喜悅。

記住這棵美麗的大樹，以後每次當你需要力量、滋養和支援的時候，你就想想這棵大樹，想起自己內心真實的樣子，這樣你就會充滿力量和勇氣，再一次恢復到自己的最佳狀態。

去感受這份寧靜和放鬆，去感受你內心的平靜和淡淡的喜悅。

等一下，我會從五數到一，當我數到一的時候，你就會帶著輕鬆愉悅的心情從催眠狀態中清醒過來。醒來以後，你會覺得頭腦清醒，心情愉悅，渾身充滿了活力。

五……開始慢慢、慢慢清醒過來……。

四……下一次的催眠，你會進入更深、更放鬆的催眠狀態，將會感受到更多、更豐富的細節……。

三……慢慢地，你將要清醒過來了……。

二……嘗試喚醒你的身體，試著輕輕活動一下你的雙手和雙腳……。

一……帶著輕鬆愉悅的心情，完完全全清醒過來，醒來以後你會覺得頭腦清醒，心情愉悅，渾身充滿了活力。

冥想8 自信重塑催眠——公眾演講場景

你在公眾演講之前會緊張焦慮嗎？本次的催眠療癒，我會幫助你在潛意識深處重塑自信演講的模式。你需要多次重複這個練習，幫助自己鞏固自信，如此在公眾場合發言能夠自信又穩定。

建議練習方式：自我催眠（你可以自己輕聲讀出來，配以輕柔的背景音樂，錄下來，重播給自己聽。也可以請一位你非常信任的同伴幫忙，他的聲音需要是你喜歡的，請他在耳邊輕柔緩慢地讀給你聽。）

建議練習場景：需要增強公眾演講的自信時

建議催眠引導時長：十五～二十分鐘／次

功效：舒緩壓力、提升內在力量感、重建關於公眾演講的自信請你在一個安靜舒適的環境下，躺下或坐下都可以，輕輕閉上眼睛。讓自己完全放鬆，用最舒服的方式去呼吸……去想像每一次的吸氣，你吸入的都是最純淨、最滋養的氧氣。而每一次的呼氣，都幫助你把身體裡的毒素排出體外。在這一呼一吸之間，你整個人都放鬆了……。

你身上的肌肉……臉上的肌肉都在慢慢放鬆……你的手臂、雙手、每一根手指也都放鬆了……你的雙腿、雙腳和每一根腳趾都放鬆了……你的整個身體都在慢慢放鬆……每一塊肌肉、每一根纖維、每一個細胞……都在全然放鬆……非常舒服……現在，你已經進入了深深的、放鬆的催眠狀態之中，去感受這一切……。

你發現自己來到了一個大型演講的現場。許多聽眾坐在臺下，聚精會神地聽著演講。聽眾神情專注，有的還在做著筆記，有的頻頻點頭，贊同演講者的觀點。他們的眼神裡流露著對演講者深深的欽佩和讚許。舞臺上，聚光燈聚焦在演講者的身上。演講者看起來自信優雅、沉著睿智，舉手投足之間都極具個人魅力。他在臺上沉穩得體地表達著自己的觀點，贏得臺下陣陣掌聲。你忍不住靠近，想要看清他的樣子，突然發現，演講者竟然就是你自己。而更神奇的是，此時此刻，你竟然站在了講臺中央，站在了聚光燈的中心。

臺下的聽眾都在望著你，眼神裡充滿欣賞、崇拜和仰望。他們不斷點頭回應你的觀點，不時記下你說的要點和金句。你在他們的注視下，從容不迫、自信優雅、娓娓道來，你幽默風趣地回答聽眾的問題，贏得臺下的陣陣稱讚和掌聲。是的，這就是你本來的樣子，你本應如此優秀，熠熠生輝。你繼續自信沉穩地演講，越講你就越輕鬆，越講你就越放鬆，這種感覺實在美妙極了。這就是你一直都想要的自信和自由的感覺，這就是你內心深處本來就有的自信和力量。

去感受這一切，讓此刻的場景深深印在你的心裡。

從今以後，在你需要演講時，你都會回到此時此刻的自信狀態，精神飽滿、信心百倍地站在講臺上，從容不迫、遊刃有餘地完成演講。

去感受這份寧靜和放鬆，去感受你內心的平靜和淡淡的喜悅。

等一下，我會從五數到一，當我數到一的時候，你就會帶著輕鬆愉悅的心情從催眠狀態中清醒過來。醒來以後，你會覺得頭腦清醒，心情愉悅，渾身充滿了活力。

五……開始慢慢、慢慢清醒過來……。

四……下一次的催眠，你會進入更深、更放鬆的催眠狀態，將會感受到更多、更豐富的細節……。

三……慢慢地，你將要清醒過來了……。

二……嘗試喚醒你的身體，試著輕輕活動一下你的雙手和雙腳……。

一……帶著輕鬆愉悅的心情，完完全全清醒過來，醒來以後你會覺得頭腦清醒，心情愉悅，渾身充滿了活力。

冥想9 自信重塑催眠——人際交往場景

你跟人交際往來時會緊張焦慮嗎？本次的催眠療癒，我會幫助你在潛意識深處重塑人際交往的自信。你需要多次重複這個練習，幫助自己鞏固自信，讓與他人交際能夠變得更順利。

建議練習方式：自我催眠（你可以自己輕聲讀出來，配以輕柔的背景音樂，錄下來，重播給自己聽。也可以請一位你非常信任的同伴幫忙，他的聲音需要是你喜歡的，請他在耳邊輕柔緩慢地讀給你聽。）

建議練習場景：需要提升人際交往的自信時

建議催眠引導時長：十五～二十分鐘／次

功效：舒緩壓力、提升內在力量感、重建關於人際交往的自信請你在一個安靜舒適的環境下，躺下或坐下都可以，輕輕閉上眼睛。讓自己完全放鬆，用最舒服的方式去呼吸……去想像每一次的吸氣，你吸入的都是最純淨、最滋養的氧氣。而每一次的呼氣，都幫助你把身體裡的毒素排出體外。在這一呼一吸之間，你整個人都放鬆了……。

發揮你的想像力，想像你看到了這樣一個人。他是一個你在生活中欣賞和認可的人，他在人際交往當中自信得體、遊刃有餘，你常常希望自己也可以擁有像他那樣的特質，得到大家的支持和喜歡。在你的腦海當中找到他，看到各種他自信得體地進行人際交往的畫面。這些畫面好像錄影帶一樣在你的腦海當中一幕幕播放。你知道透過觀摩和學習，你就可以獲得他身上善於人際交往的特質，並且在你身上，把這種特質發揮到極致。

專注看著這些畫面，突然，你發現自己也進入了這些場景和畫面，替換了他的角色。此刻，你正在像他一樣自信得體、遊刃有餘地與身邊的人交流。身邊的人都沉浸在與你交談和相處之中，你們的交流輕鬆舒適，大家都非常喜歡你。你在人際交往中應對自如、快樂自在、充滿信心，一切都是你所喜歡的樣子。去感受這一切，去感受這種真實。

從現在開始，當你與人進行溝通和交往的時候，你就會想起這種感覺，想起此刻的輕鬆自在、遊刃有餘。你會變得越來越善於與人溝通，越來越享受人際交往。

去感受這份安寧和放鬆，去感受你內心的平靜和淡淡的喜悅。

等一下，我會從五數到一，當我數到一的時候，你就會帶著輕鬆愉悅的心情從催眠狀態中清醒過來。醒來以後，你會覺得頭腦清醒，心情愉悅，渾身充滿了活力。

五……開始慢慢、慢慢清醒過來……。

四……下一次的催眠，你會進入更深、更放鬆的催眠狀態，將會感受到更多、更豐富的細節……。

三……慢慢地，你將要清醒過來了……。

二……嘗試喚醒你的身體，試著輕輕活動一下你的雙手和雙腳……。

一……帶著輕鬆愉悅的心情，完完全全清醒過來，醒來以後你會覺得頭腦清醒，心情愉悅，渾身充滿了活力。

冥想10 自信重塑催眠——心儀對象交往場景

見到心儀的對象，你會緊張焦慮嗎？今天的催眠，我會用五分鐘的時間，幫助你在潛意識深處重塑對交往的自信。你需要多次重複這個練習，幫助自己鞏固自信，讓與心儀對象往來能夠變得更自在。

建議練習方式：自我催眠（你可以自己輕聲讀出來，配以輕柔的背景音樂，錄下來，重播給自己聽。也可以請一位你非常信任的同伴幫忙，他的聲音需要是你喜歡的，請他在耳邊輕柔緩慢地讀給你聽。）

建議練習場景：需要提升異性交往的自信時

建議催眠引導時長：十五～二十分鐘／次

功效：舒緩壓力、提升內在力量感、重建關於異性交往的自信請你在一個安靜舒適的環境下，躺下或坐下都可以，輕輕閉上眼睛。讓自己完全放鬆，用最舒服的方式去呼吸……去想像每一次的吸氣，你吸入的都是最純淨、最滋養的氧氣。而每一次的呼氣，都幫助你把身體裡的毒素排出體外。在這一呼一吸之間，你整個人都放鬆了……。

發揮你最豐富的想像力，想像你看到了這樣一個場景：這是一次你和朋友的普通聚會。你們坐在咖啡館，悠閒地喝咖啡，自然地聊天，一切都非常舒適，正是你所喜歡的樣子。你們聊著各種有趣的話題，生活中的、電視裡的、書本上的，還有你們認識或不認識的人和事，聊得非常投緣，非常放鬆和自在。去感受這一刻，你內心的平靜和淡淡的喜悅。你聞到咖啡的香味，這讓你心情愉悅，你閉上眼睛，做了一次深呼吸。再次睜開眼睛的時候，你發現，你心儀的對象就坐在你的對面。他（她）端起杯子喝了一口，然後放下杯子對你微笑。他（她）的眼神是那樣柔和，眼底有溫柔的光芒閃動，當你看到他（她）時，你整個人都放鬆下來。他（她）在你面前自然地繼續剛才的話題，就像你們已是相熟多年的知心朋友。當你聽見他（她）的聲音，你整個人都感覺到非常放鬆，回到你最自然、自信和本真的狀態。

你就在這裡，在這個安靜的咖啡館，與你心儀的對象一起，輕鬆愉快地交談，一切都是你所喜歡的樣子。那樣輕鬆、自然、舒適，去感受這一切，感受它真實地發生了。

從現在開始，當見到你心儀的對象時，你就會回想起這種感覺，回到此刻輕鬆自在、自信與自然的狀態。他（她）也會用同樣的方式回應你，你們會相處得非常愉快。

去感受這份安寧和放鬆，去感受你內心的平靜和淡淡的喜悅。

等一下，我會從五數到一，當我數到一的時候，你就會帶著輕鬆愉悅的心情從催眠狀態中清醒過來。醒來以後，你會覺得頭腦清晰，心情愉悅，渾身充滿了活力。

五……開始慢慢、慢慢清醒過來……。

四……下一次的催眠，你會進入更深、更放鬆的催眠狀態，將會感受到更多、更豐富的細節……。

三……慢慢地，你將要清醒過來了……。

二……嘗試喚醒你的身體，試著輕輕活動一下你的雙手和雙腳……。

一……帶著輕鬆愉悅的心情，完完全全清醒過來，醒來以後你會覺得頭腦清醒，心情愉悅，渾身充滿了活力。

LEARN 069

焦慮星人自救指南：擺脫自我批判、完美主義，探索焦慮核心的修復計畫

作　者—唐婧
主　編—尹蘊雯
責任編輯—王瓊苹
行銷企畫—吳美瑤
封面設計—Ancy Pi
版型設計—張靜怡

編輯總監—蘇清霖
董 事 長—趙政岷
出 版 者—時報文化出版企業股份有限公司
一〇八〇一九臺北市和平西路三段二四〇號三樓
發行專線—（〇二）二三〇六—六八四二
讀者服務專線—〇八〇〇—二三一—七〇五
（〇二）二三〇四—七一〇三
讀者服務傳真—（〇二）二三〇四—六八五八
郵撥—一九三四四七二四時報文化出版公司
信箱—一〇八九九臺北華江橋郵局第九九信箱

時報悅讀網—http://www.readingtimes.com.tw
電子郵件信箱—newlife@readingtimes.com.tw
時報出版愛讀者粉絲團—https://www.facebook.com/readingtimes.2
法律顧問—理律法律事務所　陳長文律師、李念祖律師
印　刷—紘億印刷有限公司
初版一刷—二〇二三年五月十二日
定　價—新臺幣三五〇元
（缺頁或破損的書，請寄回更換）

時報文化出版公司成立於一九七五年，
一九九九年股票上櫃公開發行，二〇〇八年脫離中時集團非屬旺中，
以「尊重智慧與創意的文化事業」為信念。

焦慮星人自救指南：擺脫自我批判、完美主義，探索焦慮核心的修復計畫／唐婧著. -- 初版. -- 臺北市：時報文化出版企業股份有限公司, 2023.05
288 面；14.8×21 公分. --（Learn；69）
ISBN 978-626-353-722-4（平裝）

1. CST：焦慮　2. CST：情緒管理

176.527　　112004968

ISBN 978-626-353-722-4
Printed in Taiwan